Alfred North Whitehead zur Einführung

Michael Hauskeller

Alfred North Whitehead zur Einführung

JUNIUS

Für E. Gerresheim

Junius Verlag GmbH
Stresemannstraße 375
22761 Hamburg

Umschlaggestaltung: Johannes Hartmann
Titelfoto: Suhrkamp Verlag
Satz: H & G Herstellung, Hamburg
Druck: SOAK GmbH, Hannover
Printed in Germany 1994
ISBN 3-88506-895-8
1. Auflage 1994

Die Deutsche Bibliothek - CIP-Einheitsaufnahme

Hauskeller, Michael:
Alfred North Whitehead zur Einführung / Michael Hauskeller. - 1. Aufl. -
Hamburg : Junius, 1994
(Zur Einführung ; 95)
ISBN 3-88506-895-8
NE: GT

Inhalt

I. Einleitung

1. Philosophiehistorische Voraussetzungen des Systems

Eine der ältesten Unterscheidungen westlichen Denkens, soweit wir davon Kenntnis haben, ist die zwischen dem Geistigen und dem Körperlichen. So findet sich bereits in der Orphik die aus dem älteren Dionysoskult stammende Vorstellung einer unüberwindlichen Differenz zwischen dem menschlichen Körper und einer ihn bewohnenden, aber ontisch von ihm getrennten Seele. Der Körper erschien so als Gefängnis für die nach Freiheit strebende menschliche Seele, als ihr Grab, wie es bei Platon heißt (soma sema).[1] Philosophisch relevant wurde die Unterscheidung jedoch erstmals in der Lehre des Anaxagoras, der die Unabhängigkeit des Geistes (nous) von allem Körperlichen und seine Superiorität als einzig ordnendes und bewegendes Prinzip betonte. Doch weder bei Anaxagoras noch bei den ihm nachfolgenden Denkern wurde die Beziehung zwischen den beiden Prinzipien eigentlich zum Problem: Daß sowohl Körperliches als auch Geistiges existiert und daß beides *zusammen* existiert, war als unmittelbare Erfahrungstatsache unhinterfragbar. Eine Kluft und ein daraus resultierendes erkenntnistheoretisches Problem ergab sich daraus noch nicht und sollte erst viel später, nämlich mit dem Anbruch der Neuzeit, akut werden.

Von ungleich größerer Bedeutung für das vorsokratische Denken war die Frage nach dem anfänglichen Einheitsgrund der Welt, der die Vielheit und Gegensätzlichkeit des in der Erfahrung Gegebenen erklärbar machen sollte. Hierbei darf Gegensätzlichkeit keinesfalls mit Widersprüchlichkeit ineinsgesetzt werden: Das Gegensätzliche wurde im Denken der milesischen Naturphilosophen durchaus noch im Gewand der Ordnung sichtbar. Doch ist ja Ordnung gerade eine Weise des Zusammenseins von Verschiedenem: Wo es keine Unterscheidung gibt, kann es auch keine Ordnung geben, und ohne Ordnung verlieren sich alle Unterschiede. Nun gibt sich aber das philosophische Denken selten mit einer reinen Scheidung zufrieden, sondern versucht vielmehr, zu einer Einheit zu gelangen, sei es aufgrund einer angeborenen, selbst nicht rational begründbaren Einheitssehnsucht des Denkens, wie Fritz Mauthner annimmt[2], oder im Gegenteil aus rationalistischer Überzeugung, daß zwischen schlechthin Unverbundenem auch keine Beziehung irgendwelcher Art bestehen könne. Selbst der Manichäismus kennt eine als Erlösung begriffene Überwindung des Dualismus.

Schon Hesiod beschrieb mythisch die Entstehung der Ordnung aus dem Chaos, ohne jedoch dieses als Einheitsgrund faßbar zu machen, nämlich zwar als Erstes, als das, was vor allem anderen war, aber nicht als das allem Wirklichen zugrundeliegende Eine. Die Urmutter Gaia, der feste Grund allen Seins, und Eros als verbindende und schöpferische Kraft der Liebe entstehen dem griechischen Wortlaut nach nicht *aus* dem Chaos, sondern nur *nach* ihm. Erst bei Anaximander scheint die Frage nach dem Zusammensein des Verschiedenen und dessen Erklärung aus einem gemeinsamen Urgrund philosophische Gestalt angenommen zu haben. Sein *Apeiron* ist das Unbegrenzte, Unbestimmte, das eben darum das aller Ordnung und allen Gegensätzen Vorgängige, die ungeordnete, ungegensätzliche Einerleiheit ist, aus welcher alle Gegensätze fortwährend entstehen und in welche sie wieder eingehen. Das *Pneuma* des Anaximenes erfüllt eine ähnliche Funktion, mit dem wesentlichen Unterschied, daß das Eine dem Vielen nun nicht mehr zugrunde liegt, sondern dieses selbst *ist* – eine Identifikation, die den Keim einer neuen Dimension des Problems von Einheit und Vielheit barg: die Unterscheidung zwischen dem Seienden und seiner Erscheinung. Wenn das Viele in Wahrheit das Eine ist, ist sein Seinsanspruch gefährdet, und es nähert sich der bloßen Illusion. Die Konsequenz ist das unveränderliche Sein des Parmenides und seine Leugnung allen Werdens, eine Lehre, die nicht mehr die umfassende Einheit der arché zum Gegenstand hat, sondern die ausschließend reduktive Einheit des Alleinen. Parmenides war der erste, der den Widerspruch zwischen Sein und Werden erkannte und zu lösen versuchte, indem er einen Teil des Gegensatzes unterdrückte. Seine Wahl, die eine Entscheidung gegen die Vielheit war, sollte die Philosophie über den Weg der platonischen Ideenlehre nachhaltig beeinflussen.

Im Zeitalter der Sophistik gerieten schließlich der Mensch und sein Denken und Handeln in den Bereich philosophischer Betrachtung. Platon vereinigte Natur- und Menschenbetrachtung in der Frage nach dem Platz des Menschen in der Natur. Physis als der Bereich der Natur und Nomos als der Bereich menschlicher Setzung wurden scharf geschieden. Die alten Gegensätze – Permanenz und Veränderung, Sein und Werden, Einheit und Vielheit, Totalität und Partikularität – tauchen besonders in Platons Spätdialogen wieder auf, werden als offene Fragen behandelt und gewinnen so ihre Fragwürdigkeit zurück. Die Probleme erhalten klarere Konturen. In der Scheidung von *phainomenai* und *ideai* wird erstmals das Wissen problematisiert, und die Erkenntnis selbst wird zur moralischen Forderung. Wissen ist Ziel, nicht mehr Ausgangspunkt des philosophischen Diskurses. Dennoch spricht auch Platon der körperlichen, werdenden Welt Realität ab: Sie wird als untauglich für das Erlangen von Erkenntnis ausgewiesen, und statt dessen wird das sich dem Geist allein Darbietende als das eigentlich Seiende (»ontos on«) verstanden. So erfährt die ontologische Trennung von Geist und Seele einerseits und körperlicher Natur andererseits eine epistemologische Ergänzung, die jedoch nicht mit voller Radikalität durchgeführt wird: Solange die Gegenstände der Sinneserfahrung noch, wenn auch verschwommene, Abbilder der Ideen sind, solange ist der idealistische Bruch nicht vollzogen, und die Grundtendenz bleibt realistisch. Insofern ist auch Platon durchaus noch Realist.

Weitere Gegensätze werden angedeutet: Platons Diktum, daß niemand freiwillig schlecht sei, betont den Zusammenhang von Wissen, Freiheit und dem Guten. Freiheit ist nur durch Wissen möglich, und Wissen ist immer Wissen um das Gute, das heißt um das, was man tun soll: Die höchste der Ideen und zugleich der Gipfel der Erkenntnis ist somit die Idee des Guten. Was Platon noch nicht sieht oder doch wenigstens nicht zuzugeben bereit ist: die furchtbare Realität und Potenz des Bösen und den Zwang der physischen Notwendigkeit. Beides muß wohl dem Bereich der phainomenai zugerechnet werden, kann von Platon eben deshalb vernachlässigt werden und gewinnt keinen Problemcharakter. Körper und Seele werden erneut als entgegengesetzte Prinzipien behandelt, die Seele, als ganzer Mensch begriffen, wird vom Körper, ihrem Werkzeug, unterschieden. Die pythagoräische Lehre von der Präexistenz der Seele wird deduziert.

Aristoteles lehrt nach anfänglicher Übernahme des platonischen Dualismus, den Menschen als psycho-physische Einheit zu verstehen. Der ganze Mensch mit Körper und Seele sei *eine* Substanz und die Seele als Form des Körpers untrennbar von diesem, zugleich mit ihm entstehend und zugrundegehend. Auch Erscheinung und Idee sowie Sein und Werden schließen sich in der aristotelischen Philosophie wieder enger zusammen. Doch bleibt ihr Einfluß für anderthalb Jahrtausende gering. Neuplatonismus und Christentum wenden sich anderen Fragen zu. Das Problem von Einheit und Vielheit kehrt zurück unter dem Blickwinkel der Individualität: als Vermittelbarkeit von Ich und Gott.

In Auseinandersetzung mit dem Problem entwickelt Plotin seine Emanationslehre, die die Vereinzelung als sich stufenweise vollziehenden Ausfluß des Einen, des Göttlichen, begreift. Das Viele ist Erscheinungsform des Einen, die Einzelseelen haben teil an der Weltseele. Die Materie ist die niedrigste Erscheinungsform des Göttlichen, ist das Böse. Augustinus, der von der Macht des Bösen in der Welt wußte und sich darum in seiner Jugend stark vom Manichäismus angezogen fühlte, gelangte unter dem Einfluß des Neuplatonismus zu einer Position, die das Böse als bloße Privation des Guten nahezu hinwegerklärte. Doch blieb der Streit zwischen Gut und Böse einer der Hauptgegenstände der christlichen philosophischen Theologie: Die Existenz des Bösen war so offenbar wie notwendig für die christliche Glaubenslehre. Jeder Erlösung muß ein Sündenfall vorausgehen, und niemand braucht einen Gott, solange es keinen Teufel gibt.

Doch das Böse ließ sich auf Anhieb nicht mit der göttlichen Güte und der göttlichen Allmacht vereinbaren. Gott kann aber nur dann den metaphysischen Anspruch auf Einheit einlösen, wenn nichts gegen seinen Willen geschieht, er also allmächtig ist, und er selber auch nicht gegen den Menschen handeln kann, ohne gegen sich selbst zu handeln. Nur der liebende Gott ist auch der einheitsstiftende Gott. So wurde später bis hin zu Leibniz' *Theodizee* immer wieder versucht, die »Wege Gottes vor dem Menschen zu rechtfertigen« (Milton), ohne daß die Lösungen des Problems überzeugen hätten können. Eng mit diesem Problem verknüpft ist ein weiterer für die christliche Philosophie bedeutsamer Gegensatz: das Postulat der individuellen menschlichen Freiheit einerseits und der göttlichen Prädestination andererseits. Auch dieser Widerspruch konnte nicht aufgelöst werden. In der Neuzeit finden wir ihn allmählich in den Widerspruch von Freiheit und kausaler Naturnotwendigkeit verwandelt.

Der rasche Aufstieg der Naturwissenschaften im 16. und 17. Jahrhundert und die Entdeckung von mehr und mehr sogenannten Naturgesetzen ließ immer weniger Raum für menschliche Selbstbestimmung. Die Welt schien sich als durchweg wirkursächlich bestimmt zu enthüllen, so daß schließlich auch die göttliche Leitung entbehrlich wurde: Gott blieb die Funktion des idealen Uhrmachers, der die Maschine Welt in Gang gebracht hatte, die, einmal in Bewegung, mit absoluter Notwendigkeit und völlig fehlerlos bis zum Jüngsten Tag laufen sollte. Das Ziel der Wissenschaft war (und ist bei manchen Naturwissenschaftlern bis heute), die Kenntnis der Gegebenheiten so zu vervollkommnen, daß sich jedes zukünftige Ereignis mit der Sicherheit eines LaPlaceschen Dämons vorhersagen ließe. Die naturwissenschaftliche Absolutierung des Kausalitätsprinzips ließ keinen Raum mehr für die menschliche Freiheit, und zum alleinigen Gegenstand der wissenschaftlichen Forschung wurde so die unbelebte, aus sich selbst bewegungslose und unveränderliche Materie, die nichts als sich selbst zu ihrer Existenz benötigte.

Alles Geistige wurde ausgesondert und war nicht mehr Teil des Natürlichen.

Die Kluft zwischen den zwei Prinzipien Körper und Geist wurde so groß, daß deren Zusammenwirken in nie vorher dagewesener Weise zum kardinalen philosophischen Problem wurde. Die cartesische Zweiteilung der Welt in *res cogitans* und *res extensa* erforderte die Annahme eines wohlwollenden Gottes, um überhaupt irgendeine Kenntnis von der Welt zu erlauben. Leibniz tat diesen Schritt als unzulässigen Deus ex machina ab, ohne selber der Schwierigkeit Herr werden zu können: Auch er flüchtete letztlich in die göttliche Vermittlung in Gestalt der prästabilierten Harmonie. Die natürliche Beziehung zwischen Subjekt und Objekt der Erfahrung, zwischen Ich und Welt mußte notwendig in Frage gestellt werden, und ein epistemologischer Realismus ließ sich nur mit Mühe aufrechterhalten. Der Rückzug in das Subjekt unter Preisgabe der Welt war unter diesen Bedingungen eine folgerichtige Entwicklung. Lockes Empirismus entzog den Dingen zunächst ihre sekundären Qualitäten, bevor Berkeley, der Locke konsequent zu Ende dachte, sie auch ihrer primären Qualitäten berauben konnte, den spätestens seit Locke suspekten Substanzbegriff beiseite fegte und sich einer real existierenden Welt so zugunsten einer direkten Kommunikation mit Gott souverän entledigte.

Von Berkeleys ontologischem Idealismus führt der Weg direkt zu Humes Skeptizismus und von Hume aus herüber nach Deutschland zu Kant. Die Kantsche Philosophie schließlich bereitete den Boden für den deutschen Idealismus und den Triumph des Hegelschen Systems in Deutschland und besonders in den Vereinigten Staaten zu Beginn des 20. Jahrhunderts. Gleichzeitig gewann die positivistische Weltanschauung immer mehr an Bedeutung und verdrängte den letzten Rest einer philosophischen Tradition, die um das Verständnis der Welt bemüht war.

2. Das Problem: Zwischen Einheit und Vielheit

Am Anfang der Philosophiegeschichte stand die Frage nach dem Zusammensein des Verschiedenen, nach der Einheit der Gegensätze. Was die Frage so schwierig machte, daß sie in zweieinhalb Jahrtausenden nicht zufriedenstellend beantwortet werden konnte, war offenbar die Tatsache, daß man nicht gut beides haben konnte: die Einheit und die Vielheit. So versuchten die Philosophen seit jeher, zwischen den zwei Extremen – entweder die Gegensätze zu leugnen und die Einheit absolut zu setzen oder aber die Einheit zu opfern und dafür die Vielheit zu retten – hindurchzusteuern, ohne Schiffbruch zu erleiden; meist gelang es ihnen schlecht, und sie gerieten in die Fänge von Monismus oder Dualismus, der Scylla und der Charybdis der Philosophie, während der gemeine Menschenverstand ungefährdet vorbeirudern konnte. Was nämlich den Philosophen ein immer größeres Rätsel wurde, je mehr die Philosophie von ihrer ursprünglichen Naivität einbüßte, blieb doch stets eine unbezweifelbare Tatsache der unmittelbaren Erfahrung: daß nämlich die Welt ein geordnetes Ganzes ist, in dem sich Raum genug für Körper und Geist, Freiheit und Notwendigkeit, Sein und Werden findet, in dem der andere genauso wirklich ist wie wir selbst und die Erfahrung einer äußeren Welt eben genau das ist, was sie zu sein scheint. Und dies ist nichts anderes als der naive und zutiefst menschliche Glaube an die Realität von Relationen, der allem Denken zugrunde liegt.

Der krasse Widerspruch zwischen philosophischer Theorie und alltäglicher Erfahrungswirklichkeit, der im 17. Jahrhundert akut wurde, als sich der methodische Dualismus der aufstrebenden Wissenschaften mit der mittelalterlichen Substanzmetaphysik verband, ist der Ausgangspunkt eines der komplexesten und tiefgehendsten philosophischen Systeme unserer Zeit, eines Systems, das die ihm gebührende Würdigung im deutschen Sprachraum bis heute nicht erfahren hat, auch wenn in den letzten Jahren die Aufmerksamkeit deutlich gewachsen ist. Der Schöpfer dieses Systems heißt Alfred North Whitehead.

3. Whitehead: Zur Person

Geboren wurde Whitehead 1861 in East Kent, England. Er wuchs in gesicherter Umgebung auf und wurde bis zu seinem vierzehnten Lebensjahr von seinem Vater, einem wenig inspirierten Geistlichen der anglikanischen Kirche, zu Hause in den klassischen Sprachen und den Grundlagen der Mathematik unterrichtet. 1875 setzte er seine durchschnittliche und, wie er selbst sagt, »bedauernswert enge« Ausbildung ebenso unspektakulär am Sherburne Internat in Dorsetshire fort, wo er erste Bekanntschaft mit der Literatur machte, sich vor allem in der Mathematik und im Rugbysport auszeichnete[3] und ansonsten nur mäßige Erfolge erzielen konnte. Von 1880 bis 1884 studierte er am Trinity College in Cambridge ausschließlich[4] Mathematik (zu der damals auch noch die physikalischen Disziplinen gehörten) und debattierte später mit Studienkollegen in der berühmten elitären *Cambridge Conversazione Society* (besser bekannt als die Apostel) über politische, soziale und philosophische Fragen. 1884 wurde er zum Fellow des Trinity College ernannt. Seine Dissertation schrieb er später über Maxwells *Electricity and Magnetism.* Von 1884 bis 1910 unterrichtete er in Cambridge Mathematik, veröffentlichte nur wenig und ausschließlich zu mathematischen Fragen. Kulminationspunkt dieser Zeit war die Veröffentlichung der in Zusammenarbeit mit seinem Schüler Bertrand Russell entstandenen und an dessen *Principles of Mathematics* anschließenden *Principia Mathematica* in den Jahren 1910 bis 1913.

Eine neue Periode von Whiteheads Schaffen begann 1910, als er auf der Suche nach Veränderung und aus Ärger über den Ausschluß seines Kollegen und Freundes A.R. Forsyth von der Lehrtätigkeit in Cambridge den Abschied nahm und, ohne eine Stellung in Aussicht zu haben, nach London überwechselte. 1911 erhielt er eine schlecht bezahlte Stelle als Dozent für angewandte Mathematik am Londoner University College, bis er 1914 schließlich seinen ersten Lehrstuhl, ebenfalls für angewandte Mathematik, am Londoner Imperial College of Science and Technology übernehmen konnte. Angeregt durch die Mitarbeit in diversen Gremien setzte er sich in der Folge zunehmend mit Fragen der Erziehung auseinander, was zu verschiedenen Veröffentlichungen führte (zusammengefaßt 1929 in *The Aims of Education and Other Essays*).

Zugleich nahm Whitehead in verschiedenen Arbeiten die Widersprüche in den Grundlagen der modernen Naturwissenschaften zum Anlaß, den Versuch einer Neukonzeption des Naturbegriffs zu unternehmen. In *Concept of Nature* aus dem Jahr 1920 wandte er sich vehement gegen die »Gabelung der Natur« (bifurcation of nature) in subjektive

Wahrnehmung und objektive Tatsachen, in Schein und Sein, die allem rationalen Anspruch der Naturwissenschaften zuwiderlaufe (vgl. CN, 26/30). Das Ziel dieser und der vorhergehenden Arbeiten (vor allem *An Enquiry Concerning the Principles of Natural Knowledge* von 1919) bestand allein darin, eine einheitliche Theorie auf der Grundlage des in der Sinneserfahrung Gegebenen zu entwickeln und Gegenstand und Methode der Naturwissenschaften zu klären, ohne dabei den Bereich der reinen Deskription zu überschreiten. Im Unterschied zu seinen späteren naturphilosophischen Schriften machte er hier jedoch keinen Versuch, hinter die sinnlich wahrnehmbaren Gegebenheiten zurückzugehen, um das Wesen der Existenz selbst zu verstehen: »Die Werte der Natur sind vielleicht der Schlüssel zu einer metaphysischen Synthese des Seins, aber eine derartige Synthese will ich gerade nicht versuchen. Bei Respektierung dessen, was uns als unmittelbare Offenbarung des sinnlichen Bewußtseins zur Kenntnis gelangt, bin ich ausschließlich mit Verallgemeinerungen von allergrößtem Ausmaß befaßt.« (CN, 8/5)

Die Gelegenheit, das von ihm absichtlich Versäumte nachzuholen, ergab sich, als man ihm 1924 überraschend anbot, einen Lehrstuhl für Philosophie in Harvard zu übernehmen, was in Anbetracht von Whiteheads Alter auch damals mehr als ungewöhnlich war. Er nahm den Ruf an und verließ – dreiundsechzigjährig – England. Ein Jahr später erschien, hervorgegangen aus den 1925 in Boston gehaltenen Lowell Lectures, *Science and the Modern World* (dt.: *Wissenschaft und moderne Welt*, 1949 und 1984), das erste der drei großen philosophischen Werke, in denen Whiteheads »Organismische Philosophie«[5] entwickelt wird. Nicht zuletzt aufgrund dieser Veröffentlichung, die ein großer Verkaufserfolg wurde, entschied sich die Universität Edinburgh, in den beiden

Jahren 1927 und 1928 die berühmte Gifford Dozentur für Natürliche Theologie an Whitehead zu vergeben, was dieser dazu nutzte, die in *Science and the Modern World* entwickelten Gedanken fortzuführen und zu systematisieren. So konnte 1929 eine erweiterte Fassung der Gifford Lectures als *Process and Reality. An Essay in Cosmology* (dt.: *Prozeß und Realität*, 1979) in New York veröffentlicht werden. 1933 schließlich folgte die an *Process and Reality* anschließende ideengeschichtliche Studie *Adventures of Ideas* (dt.: *Abenteuer der Ideen*, 1971). Die Darstellung des hauptsächlich in diesen drei Werken entwickelten metaphysischen Systems ist die Aufgabe der vorliegenden Einführung.

Whitehead lehrte offiziell noch bis 1936 und inoffiziell noch lange darüber hinaus. Die letzte von ihm öffentlich gehaltene Vorlesung im Jahr 1941 trug den Titel *Unsterblichkeit*. Sie endete mit den Worten: »Die Genauigkeit ist ein Schwindel (Exactness is a fake.)«. (ESP, 74) Whitehead starb am 30. Dezember 1947 im Alter von 86 Jahren an einem Blutsturz im Gehirn. Die Betroffenheit, die die Nachricht von seinem Tod bei allen, die ihn kannten und wegen seiner steten Milde und Freundlichkeit schätzten, erzeugte, drückt sich in Gustav E. Müllers Worten aus, als er in der zweiten Auflage seiner *Amerikanischen Philosophie* schreibt: »Anfangs [!] 1948 verstarb in Harvard Alfred North Whitehead, Professor Emeritus der Philosophie. Mit ihm ist einer der bedeutendsten Denker aller Zeiten dahingegangen. Der Geist, der aus seinen Werken weht – und ich fand ihn auch bei seinen Schülern –, ist der gütige Geist einer wahrhaft geduldigen, alldurchdringenden Freundlichkeit.«[6]

4. Der Anspruch der Whiteheadschen Metaphysik

»Eine Funktion von Philosophie ist die Kritik der Kosmologien. Dabei handelt es sich um die Aufgabe, unterschiedliche Anschauungen von der Natur der Dinge in Einklang zu bringen, umzugestalten und zu rechtfertigen. Philosophie muß auf der genauen Erforschung der elementaren Vorstellungen und auf der Bewahrung des gesamten Tatsachenmaterials beharren, um unser kosmologisches Schema gestalten zu können«, schreibt Whitehead im Vorwort zu *Wissenschaft und moderne Welt* (vgl. SMW, 7/VII), und im Vorwort zu *Prozeß und Realität* heißt es: »Zudem muß es auch eines der Motive einer vollständigen Kosmologie sein, ein Schema von Ideen zu entwerfen, in dem die ästhetischen, moralischen und religiösen Interessen mit jenen Begriffen von der Welt in Verbindung gebracht werden, die ihren Ursprung in den Naturwissenschaften haben.« (PR, 22/VI/XII) Demnach ist es also die Aufgabe der von Whitehead angestrebten »vollständigen Kosmologie«, nicht nur die divergierenden Anschauungen bezüglich der Natur der Dinge in Übereinstimmung zu bringen, sondern sie auch und gerade in ihrer Divergenz zu rechtfertigen. Alles, was der menschlichen Erfahrung überhaupt zugänglich ist, ist in seiner Gänze zu erfassen, und das bedeutet: als Einheit und als Vielheit. Es bedeutet auch, daß ästhetische, ethische und religiöse Erfahrungen des Menschen in eine allgemeine Theorie der Natur eingebunden werden müssen, ohne in ihr erstickt zu werden.

Die klassischen Gegensätze, welche die Erfahrungsvielfalt des Menschen zum Ausdruck bringen, aufzuheben, ohne sie zu verlieren, und dadurch das Gleichgewicht zwischen extremer Einheit und extremer Zweiheit zu wahren, ist der Anspruch der Whiteheadschen Kosmologie. Das Urteil darüber, ob und wie weit dieser Versuch gelungen ist, muß dem Leser Whiteheads überlassen bleiben. Die vorliegende Einführung in die Philosophie Whiteheads wird sich darauf beschränken, diejenigen Kriterien zu berücksichtigen, die Whitehead selbst im ersten Kapitel von *Prozeß und Realität* zur Prüfung der Tauglichkeit eines Systems postuliert hat. Es sind dies die systeminternen Bedingungen der Widerspruchsfreiheit und Kohärenz (d.h. die notwendige Bezogenheit aller Glieder des Systems aufeinander) und die systemexternen der Anwendbarkeit des Schemas und seiner Adäquanz (d.h. die Beziehbarkeit der im System aufgezeigten Erfahrungsstrukturen auf jede mögliche Erfahrung) (vgl. PR 31/4f/3). Die Darstellung folgt den für die Geschichte der Philosophie als maßgeblich aufgezeigten Gegensatzpaaren Subjekt/Objekt, Sein/Werden, Freiheit/Notwendigkeit und Werthaftigkeit/Tatsächlichkeit, die in gesonderten Kapiteln behandelt werden. Ihnen voran steht ein Kapitel über Whiteheads Methodik.

II. Methodik

1. Spekulative Philosophie und beschreibende Verallgemeinerung

Die »wahre Methode philosophischer Konstruktion«, schreibt Whitehead, bestehe darin, »das bestmögliche Schema von Ideen zu entwerfen und auf der Grundlage dieses Schemas unbeirrt die Interpretation der Erfahrung zu erforschen.« (PR, 26/X/XIV) Diese Vorgehensweise nennt Whitehead *spekulative Philosophie*. Sie basiert einerseits auf der Einsicht in die Endlichkeit der menschlichen Vernunft, aber andererseits auch auch auf dem Glauben an das Vorhandensein und die prinzipielle Erkennbarkeit einer Naturordnung: Sie ist der Versuch einer Annäherung an die ersten, universalen Prinzipien all dessen, was je in der Erfahrung gegeben werden kann, im Wissen, daß es immer bei einer bloßen Annäherung bleiben wird:

»Philosophen können niemals hoffen, diese metaphysischen Grundprinzipien endgültig zu formulieren. Schwäche der Einsicht und Unzulänglichkeiten der Sprache stehen unüberwindbar im Wege. Worte und Ausdrücke müssen für einen Allgemeinheitsgrad einstehen, der ihrer herkömmlichen Verwendung fremd ist; und wenn diese Sprachelemente auch als Fachtermini eine feste Bedeutung annehmen, so verbleiben sie doch Metaphern, die stumm auf ein Überspringen der Phantasie warten.« (PR, 33/6/4)

Gleichwohl bleibt Erkenntnis durch die Metaphern der Sprache hindurch als intuitives Erfassen des Wahren möglich: »Es gibt kein Grundprinzip, das an sich unerkennbar und nicht durch eine plötzliche Eingebung einzufangen wäre.« (ebd.) Ursache der dennoch bestehenden Schwierigkeit ist für Whitehead vor allem die Struktur der Erfahrung, die es mit sich bringt, daß nur das ins Bewußtsein gelangt, was sich von anderem abhebt. Sich abheben aber kann allein etwas, was nicht immer da ist: »Manchmal sehen wir einen Elefanten und manchmal nicht. Folge ist, daß ein Elefant, wenn zugegen, bemerkt wird.« (PR, 33f./6/4) Die allgemeinsten Prinzipien können nicht durch Differenz erkannt werden, denn was immer da ist, bleibt unbemerkt. Jeder »starre Empirismus« (rigid empiricism) muß an diesem Problem notwendig scheitern.

Die seit Descartes übliche Präferenz von Klarheit und Deutlichkeit als Kriterien metaphysischer Relevanz und Unbezweifelbarkeit hält Whitehead für einen der größten Irrtümer der neuzeitlichen Philosophie (vgl. MT, 56). Nur durch »das freie Spiel der Phantasie, die nur durch die Erfordernisse der Kohärenz und der Logik eingeengt wird« (PR, 34/7/5), ist die Schwierigkeit zu überwinden: »Die wahre Forschungsmethode gleicht einer Flugbahn. Sie hebt ab von der Grundlage einzelner Beobachtungen, schwebt durch die dünne Luft phantasievoller Verallgemeinerung und versenkt sich dann wieder in neue Beobachtungen, die durch rationale Interpretation geschärft sind.« (ebd.) Die Basis, von der die Verallgemeinerung ausgeht, ist empirisch, d.h. sie muß Teil der allgemeinen menschlichen Erfahrung sein. Diese angemessen zu beschreiben und ihren Gültigkeitsbereich so zu erweitern, daß die Beschreibung dem Wesen aller Wirklichkeit gerecht wird, ist das Ziel der Methode.

Wichtigstes Mittel zur Überprüfung des Erfolgs der Spekulation ist die Anwendbarkeit ihrer Ergebnisse auf Bereiche der Erfahrung, die jenseits des Ausgangsbereichs liegen (vgl. PR, 35/8/5). Auch innere Widerspruchsfreiheit sollte unbedingt angestrebt werden, doch wichtiger noch ist Kohärenz, d.h. die Vermeidung von »willkürliche[r] Zusammenhanglosigkeit zwischen den Grundprinzipien« (PR, 37/9/6). Sie ist unabdingbar für jedes philosophische System, das Anspruch auf Rationalität erheben will. Historische Beispiele philosophischer Inkohärenz sind der cartesische Dualismus und Spinozas Modi der einen Substanz.

Ohne Kohärenz bleibt »die offensichtliche Solidarität der Welt« (PR, 38/10/7) ohne Erklärung. Whiteheads Methode der beschreibenden Verallgemeinerung führt so keineswegs zu fruchtlosen metaphysischen Spekulationen in Bereichen, welche sich der Kontrolle durch die Erfahrung entziehen, sondern vereinigt im Gegenteil die Tugenden des Empirismus und des Rationalismus, um die menschliche Erkenntnis auf gangbarem Wege zu erweitern: »Spekulative Kühnheit muß durch absolute Demut vor der Logik und vor den Tatsachen ausgeglichen werden.« (PR, 56/25/17)

2. Der Vorwurf des Anthropomorphismus

Das spekulative Unternehmen nimmt seinen Ausgang in der menschlichen Erfahrung. Diese ist das Modell, anhand dessen die gesamte Wirklichkeit beschrieben werden soll, denn wenn die Erfahrung des Menschen Teil des Naturganzen ist, müssen sich in ihr Strukturen aufweisen lassen, die wesentlich für alle Wirklichkeit sind:

»[...] wenn man das menschliche Erleben nicht völlig außerhalb der Natur stellen will, kann man nicht umhin, in der Beschreibung des menschlichen Erlebens nach denjenigen Faktoren zu suchen, die auch in der Beschreibung weniger spezialisierter Naturvorgänge auftreten. Wenn sich derartige Faktoren nicht finden lassen, ist die Auffassung, daß es sich beim menschlichen Erleben um ein Faktum innerhalb der Natur handelt, nichts weiter als ein Bluff, der auf vagen Phrasen beruht, für die nichts spricht, außer ihrer bequemen Geläufigkeit.« (AI, 339/237)

Gerade diese Universalisierung der menschlichen Erfahrung, welche die eigentliche Grundlage der Whiteheadschen Metaphysik bildet, ist immer wieder auf heftigsten Widerspruch gestoßen. So spottet etwa A.E. Murphy, einer von Whiteheads ersten und vielleicht unversöhnlichsten Gegnern, Whitehead habe mit einer gleichsam »anti-kopernikanischen Wende« einen der Kernbegriffe seiner Wissenschaftsphilosophie der früheren Jahre, die extensive Abstraktion, gegen einen »extensiven Romantizismus« eingetauscht (Murphy 1929). Er hält Whitehead entgegen, daß die Verallgemeinerung subjektiv gültiger Kategorien keine Objektivierung der Subjektivität sein könne und daß er die Schranken, innerhalb derer die besonderen Eigenschaften menschlicher Erfahrung aufträten, ignoriere. Den Versuch, den Schlüssel zur Natur in der Konstitution der menschlichen Erfahrung zu suchen, betrachtet Murphy als Rückfall in eine vor-kopernikanische Epoche wissenschaftlicher Primitivität.[7] In einem wesentlich späteren Aufsatz zeigt er sich ebenso ablehnend wie zuvor und weist nun auch nachdrücklich auf die Gefahr hin, die der »Einzigartigkeit menschlicher Güter« drohe, wenn diese über die menschliche Erfahrung hinaus Anwendung fänden.[8]

Angesichts der Singularität menschlicher Existenz hält Murphy darum die Begründung der spekulativen Methode für nicht zureichend. Daß aber die menschliche Erfahrung selbst in ihren Grundzügen wirklich so einzigartig ist, wie Murphy voraussetzt, harrt selbst noch eines Beweises. Denn wie läßt sich die Singularität menschlicher Erfahrungsstrukturen anders behaupten, als indem man einen Standpunkt außerhalb ihrer einzunehmen versucht. Dies aber ist unmöglich. Für die Annahme, daß die grundlegenden Momente unserer Erfahrung tatsächlich singulär sind, gibt es eher weniger Anlaß als für die gegenteilige Annahme, daß in ihnen einen Grundzug der Natur überhaupt offenbar wird.[9] Nichts spricht dafür als der menschliche Hang zum Anthropozentrismus, den Murphy als Anti-Kopernikanismus Whitehead vorwirft, obwohl dieser Terminus wesentlich treffender auf Murphys eigenen Standpunkt bezogen werden könnte.[10] Die philosophische Untugend des Anthropozentrismus sollte nicht mit einem für jede Philosophie notwendigen Anthropomorphismus verwechselt werden. Ein Verstehen der Welt ist nämlich nur dann denkbar, wenn unser Empfinden in irgendeiner Weise mit seinen Gegenständen korrespondiert. So folgt Whitehead lediglich konsequent dem, mit Dorothy Emmet zu sprechen, »platonischen Prinzip, daß, wenn rationales Verstehen überhaupt möglich sein soll, der Logos in uns dem Logos in den Dingen verwandt sein muß«.[11] Dieses Prinzip ist nicht nur Bedingung der Möglichkeit von Erkenntnis überhaupt, sondern es trägt auch dem gemeinhin akzeptierten Grundgedanken der Evolutionstheorie besser Rechnung als jede Lehre von der grundsätzlichen Einzigartigkeit menschlicher Erfahrung: »Der Mensch hat sich Schritt für Schritt aus den niedrigsten Lebensformen entwickelt und muß deshalb durch Begriffe erklärt werden, die auf alle Lebensformen anwendbar sind.« (FR, 15/11)

3. Menschliches Bewußtsein und sprachliche Adäquanz

Das eigentliche Problem eines solchen Anthropomorphismus besteht nicht darin, daß die Grundstrukturen der Wirklichkeit überhaupt innerhalb der menschlichen Erfahrung gesucht werden, sondern daß nicht selten die falschen Strukturen für grundlegend genommen werden. Darum wäre Whiteheads Ansatz sicherlich verfehlt, wollte er behaupten, daß gerade die hervorstechendsten Züge menschlicher Erfahrung jene seien, die aller Natur eigen sind. So unterscheidet uns die Klarheit des Selbstbewußtseins vielleicht am stärksten von allen anderen Tieren, doch erlangt der weitaus größte Teil unseres Erlebens keine gedankliche Bewußtheit:

»Die menschliche Natur ist in Begriffen ihrer hervorstechenden Akzidentien beschrieben worden und nicht ihrem existentiellen Wesen nach. Die Beschreibung ihres Wesens muß auf das ungeborene Kind anwendbar sein, auf das Kleinkind in der Wiege, auf den Zustand des Schlafs und auf den weiten Hintergrund der Empfindungen, die vom Bewußtsein kaum berührt werden. Klares, bewußtes Erkennen ist nur ein Begleitumstand menschlichen Seins. Es macht uns menschlich. Aber es begründet nicht unsere Existenz. Es gehört zum Wesen des Menschlichen. Aber es ist nur ein Begleitumstand unserer Existenz.« (MT, 115f.)

Damit das Wesen der Existenz überhaupt erhellt werden kann, ist es nötig, daß keine Erfahrungsweisen von der Untersuchung ausgeschlossen bleiben. Nicht nur das wache, nüchterne, verstandesgelenkte Bewußtsein, auch das trunkene, müde, glückliche und traurige, das normale und das abnorme Bewußtsein, mit einem Wort: alle Zustände menschlicher Erfahrung müssen Berücksichtigung finden (vgl. AI, 402/291). Das erste Stadium der spekulativen Philosophie ist darum das Zusammentragen von Daten verschiedenster Art, die repräsentativ die Ganzheit der Wirklichkeitserfahrung belegen sollen: »Philosophie darf nichts ausschließen. Darum sollte sie niemals mit der Systematisierung beginnen. Ihr erstes Stadium könnte man als Sammlung bezeichnen.« (MT, 2)

Nun ist das entwickelte menschliche Bewußtsein seiner Natur nach selektiv. Es grenzt ab und aus, indem es von der Totalität der Erfahrungswirklichkeit abstrahiert und so Wichtigkeiten schafft, die den Blick auf das Grundlegende verstellen: »Es besteht ein grundloser Glaube, daß wir diejenigen Aktivitäten in der Natur beobachteten, welche in unserer Umgebung dominant sind. Das genaue Gegenteil ist der Fall.« (MT, 29) Den Blick wieder auf das Konkrete zu richten und »zu der Totalität zu finden, die in der Selektion verlorenging«, ist darum eine der dringendsten Aufgaben der Philosophie (vgl. PR, 52/22/15). Intuition und »direkte Einsicht, vage im Detail und doch die Basis aller Rationalität« (MT, 31), greifen über die Beschränkungen der bewußten introspektiven Analyse hinaus in die Konkretheit der komplexen Existenz und eröffnen so einen Zugang zu dem, was durch das Fehlen unterscheidender Merkmale sonst verborgen bliebe.

Die Hauptschwierigkeit, die der Synthese und Generalisierung des so Erfahrenen entgegensteht, ist das Medium ihres Ausdrucks selbst: die Sprache, die gleichsam das fleischgewordene Bewußtsein ist: »Die Sprache wurde entwickelt, um den zufälligen Aspekt zufälliger Faktoren ›klar und deutlich‹ auszudrücken.« (ESP, 93) So beschreibt die bestehende Sprache nicht oder nur ungenügend das Wesen der Existenz, weil ihr Zweck in erster Linie pragmatisch ist: »Das Wesen der Sprache ist, sich derjenigen Elemente der

Erfahrung zu bedienen, die am leichtesten für das bewußte Erfassen abstrahiert und wieder in die Erfahrung eingebaut werden können.« (MT, 34) Und genausowenig wie das klare Bewußtsein in der Lage ist, das gesamte Erfahrungsspektrum zu erfassen, sowenig ist die Sprache mit ihren traditionellen Bedeutungsstrukturen fähig, sämtliche Dimensionen des Gedankens zu erfassen und wiederzugeben. Wäre es anders, wäre der Gedanke nicht mehr und nicht weniger als seine sprachliche Form, wäre eine Übersetzung in andere Sprachen oder Idiome, und sei sie noch so grob, überhaupt nicht möglich: »Wenn der Satz der Gedanke ist, ist ein anderer Satz ein anderer Gedanke.« (MT, 35)

Die Einsicht in die prinzipielle Inkongruenz von Sprache und Gedanke kann aber nicht zu einem Verzicht auf Sprache überhaupt führen: »Ohne die Sprache ist die Bewahrung von Gedanken, das leichte Wiederaufrufen von Gedanken, die Einbindung von Gedanken in höhere Komplexitäten, der Austausch von Gedanken, all dies stark eingeschränkt.« (ebd.) Es ist nicht so, daß Denken ohne Sprache möglich wäre, aber es ist ein folgenschwerer Irrtum zu glauben, daß Denken in Sprache aufginge: »Ein Gedanke ist eine ungeheuerliche Weise der Erregung. Wie ein Stein, der in einen Teich geworfen wird, bringt er die ganze Oberfläche unseres Seins in Aufruhr.« (MT, 36) Aus all dem folgt, daß der aus der Intuition geborene Gedanke sich die ihm angemessene Form erst schaffen muß, wenn er sie nicht bereits in den vorgegebenen Formen der Sprache vorfindet. Manche Begriffe sind so in ein bestimmtes Feld von syntaktischen und semantischen Bezüglichkeiten eingebunden, daß sie durch ihre selektive Funktion den tiefer liegenden, d.h. für die Gesamtheit der Wirklichkeit grundlegenderen Sachverhalt verschleiern. Diese müssen entweder definitorisch ergänzt oder aber durch andere Begriffe ersetzt werden, die per Definition so in das neue Bezugsfeld eingepaßt werden, daß sie einen Teil ihrer ursprünglichen Konnotationen bewahren. Es kommt hierbei darauf an, das richtige Maß zwischen bewußter, ausdrücklicher Definition eines Begriffs und seinen gewohnten Konnotationen zu finden, zwischen der nicht erstrebten Bedeutungsleere einer völligen Neuschöpfung und der ebensowenig erwünschten Bedeutungsbelastung verbrauchter Begriffsrelationen.

Die Umgestaltung der Sprache ist laut Whitehead für das Fortschreiten der Philosophie notwendig, und zwar gerade wegen der starken Interdependenz von Begrifflichkeit und Denken: »Mit Hilfe der gerade gängigen Sprechweisen kann man immer nur die Lehrmeinungen der gerade herrschenden Schule und ihrer anerkannten Varianten zum Ausdruck bringen. [...] in der lauten Entrüstung über eingeführte Neologismen [kann] man nicht mehr sehen als ein Maß für den unbewußten Dogmatismus des Entrüsteten (an outcry as to neologisms is a measure of unconscious dogmatism).« (AI, 415/301) Es sei nochmals darauf hingewiesen, daß auch durch sprachliche Umgestaltung die grundsätzliche Inadäquanz der Sprache nicht überwunden werden kann: Sie ist und bleibt Metapher, und ihre Bedeutung kann letztlich immer nur durch einen »Sprung der Vorstellungskraft« erfaßt werden: »Es gibt aber keine Sprache, die anders als elliptisch wäre, so daß ein Überspringen der Phantasie hinzukommen muß, um ihre Bedeutung in ihrer Relevanz für die unmittelbare Erfahrung zu verstehen.« (PR, 49/20/13)

Der sprachphilosophische Ansatz Whiteheads hat unter anderem die Konsequenz, daß die Begrifflichkeit des Systems manchmal nicht unerhebliche Verständnisschwierigkeiten mit sich bringt. Whiteheads Philosophie wird deshalb nicht selten mit wenigen Worten abgetan und für unverständlich erklärt. So spricht z. B. Percy Hughes mit einigem Unbehagen von Whiteheads »esoterischer Terminologie«[12], und W.M. Urban, mit einer an Schopenhauer erinnernden Unduldsamkeit, ist von der »grundlegenden Unverständlichkeit« der Whiteheadschen Sprache überzeugt.[13] Die Kritik Urbans gipfelt dann auch in dem Verdacht, daß »hinter dieser linguistischen Unverständlichkeit eine noch fundamentalere philosophische Unverständlichkeit« liege, ein Vorwurf, dem wir im Verlauf dieses Buches noch nachzugehen haben werden. Ganz unrecht hat aber sicher auch Victor Lowe, Whiteheads Biograph und Schüler, nicht, wenn er meint, daß »nichts in der Welt so schwer zu lesen sei wie eine wirklich neue Philosophie«.[14]

III. Subjekt und Objekt

1. Erfahrung als allgemeinstes Bestimmungsmerkmal der Existenz

Das allgemeinste Moment des in der Erfahrung Gegebenen ist die Form der Erfahrung selbst. Da das einzig uns unmittelbar bekannte Exempel von Existenz unsere eigene ist und diese Existenz immer eine erfahrende, muß, wenn überhaupt irgendetwas unter dem Prädikat Existenz vorgestellt werden soll, als das allgemeinste Merkmal der Existenz die Erfahrung selbst angesehen werden. Für Whitehead gilt darum – mit und gegen Berkeley –: *esse est percipere.*

Es wäre voreilig, hieraus zu schließen, daß Whitehead ein Panpsychist sei, der die universelle Beseeltheit der Natur lehre wie etwa Fechner. Richtig ist, daß ihm die neuzeitlich-naturwissenschaftliche Unterstellung einer leeren Wirklichkeit (»vacuous actuality«) (PR, 75/43/29) jeder Grundlage zu entbehren scheint, mit anderen Worten: Er wehrt sich gegen die Annahme, daß Existenz ohne Welterfahrung irgendwelcher Art ein Begriff sei, der aus sich selbst heraus verständlich wäre oder auch nur irgendetwas erklären könne: »[...] eine tote Natur kann keine Gründe geben« (MT, 135). Welterfahrung meint hier zunächst einmal nur die grundsätzliche Relevanz der von einem einzelnen Existierenden unterschiedenen Welt für dieses Existierende. Es meint die Realität von inneren Relationen und damit die unabänderliche Relativität der individuellen Existenz: Whiteheads Ontologie ist somit eine radikale Absage an die cartesische Substanzmetaphysik und ein Versuch, deren bestimmenden Einfluß auf die Entwicklung der neuzeitlichen und modernen Mainstream-Philosophie zu brechen.

Der Begriff eines Existierenden, das »nichts als sich selbst zu seiner Existenz bedarf«, wie es bei Descartes heißt,[15] ist für Whitehead schon allein deshalb unannehmbar, weil damit einem der beiden Grundgebote einer rationalistischen Philosophie, nämlich der Kohärenz, Gewalt angetan wird. W.E. Hocking, Whiteheads Kollege in Harvard, charakterisiert treffend die Stellung des Substanzbegriffs im Whiteheadschen System: »Als eine Beschreibung ist die beschreibende Metaphysik ein künstlerischer Versuch: die Welt sitzt ihr Modell. Aber alle großen Künstler haben etwas von einem Rebellen an sich, und jede Rebellion muß ihren Teufel haben [...] – Aristoteles' Lehre der ersten Substanzen. [...] Der Dämon der Substanz hat genau den gleichen Fehler wie Luzifer: er ist sich selbst genug.«[16]

Man könnte sagen, daß das in der Analyse des Daseins erschienene In-der-Welt-Sein Heideggers für Whitehead allgemeine Gültigkeit für jedes Seiende besitzt. Sein ist In-der-Welt-sein und als solches Welterfahrung. In dieser Konzeption hat der Substanzbegriff keinen Platz; er wird ersetzt durch den Begriff des Organismus. Der Stoff, aus dem Whiteheads Welt gemacht ist, läßt sich deshalb vielleicht am angemessensten als ein organisches Beziehungsgeflecht von Erfahrungseinheiten, von »drops of experience« (W. James), beschreiben: »Wir müssen vom Geschehnis als der letzten Einheit alles natürlichen Vorkommens ausgehen. Ein Geschehnis hat mit allem Vorhandenen und insbesondere mit allen anderen Geschehnissen zu tun. [...] Zum Begriff des

Organismus gehört daher auch das Konzept der Interaktion von Organismen.« (SMW, 125f./103)

In der Sekundärliteratur zu Whitehead findet sich die wohl klarste Definition dessen, was Whitehead unter Organismus versteht, bei Fetz: »Ein ›Organismus‹ ist eine individuelle Einheit, die konstitutiv auf andere solche Einheiten bezogen ist.« [17] Die Existenz dieser Grundelemente der Wirklichkeit ist so bestimmt als konstitutives Bezogensein, d.h. als Erfahrung. Das metaphysische Gebäude, das auf ihrer Grundlage errichtet wird, nennt Whitehead *organismische Philosophie* (»the philosophy of organism«), sie selbst aber »wirkliche Einzelwesen« [18] (actual entities): »*Wirkliche Einzelwesen* – auch *wirkliche Ereignisse* genannt – sind die letzten realen Dinge, aus denen die Welt zusammengesetzt ist. Man kann nicht hinter die wirklichen Einzelwesen zurückgehen, um irgendetwas Realeres zu finden.« (PR, 58/27/18)

2. Wirkliche Einzelwesen

Wirkliche Einzelwesen sind die Bausteine des Universums, und nichts existiert, es sei denn als Element in ihrer Konstitution. Wirkliche Einzelwesen unterscheiden sich voneinander in Hinsicht auf Intensität und Funktion, doch sie sind gleich aufgrund der Gleichheit ihrer existentiellen Bestimmungen: »Gott ist ebenso ein wirkliches Einzelwesen wie der trivialste Hauch von Sein im weit entlegenen leeren Raum.« (PR, 58/28/18) Mein Bewußtsein in diesem konkreten Moment ist ein wirkliches Einzelwesen, nicht jedoch ich selbst, sofern ich existiere in Raum und Zeit: Weder als historische Lebenslinie noch als körperliches Wesen ist der

Mensch wirkliches Einzelwesen. Wirkliche Einzelwesen sind atomar. Es gibt in ihnen kein Vorher und Nachher und keine räumliche Ausdehnung im herkömmlichen Sinne (vgl. PR, 87/53/35). Dennoch ist ihr Sein ein Prozeß des Werdens, der selbst nicht in der Zeit stattfindet. Zeitliche und räumliche Ausdehnung sind Resultate dieses Werdens, nicht seine Voraussetzung: »Es gibt zwar ein Werden der Kontinuität, aber keine Kontinuität des Werdens. Die wirklichen Ereignisse sind die werdenden Geschöpfe, und sie begründen eine kontinuierlich ausgedehnte Welt.« (ebd.)

Die Atomizität der wirklichen Einzelwesen schließt die Relativität ihres Wesens nicht aus: Sie sind, was sie sind, als Synthese des gesamten Universums und gleichen in dieser Hinsicht den metaphysischen Punkten Leibniz':[19] »Jedes Atom ist ein System aller Dinge.« (ebd.) Sie sind, mit einem Wort Michael Welkers, »Weltzentrierungen«.[20] Jedes wirkliche Einzelwesen läßt sich in eine unbestimmte Anzahl von »Erfassungen« (prehensions) analysieren, die jede für sich die wesentlichen Charakteristika wirklicher Einzelwesen besitzen (vgl. PR, 59/28/19), ohne selbst – »aufgrund einer gewissen Unvollständigkeit« – solche zu sein (PR, 59/29/19).

Der Terminus »prehension« ist im Englischen eine neue Wortschöpfung und ausdrücklich als Gegenbegriff zu »apprehension« entworfen, welches eine bewußte Wahrnehmung meint. Prehensionen, im Deutschen vielleicht am besten durch »Erfassungen« wiederzugeben, sind als nicht notwendig bewußte Wahrnehmungen zu verstehen, d.h. der Terminus bezieht sich sowohl auf bewußte wie auch auf nichtbewußte Wahrnehmungen: »Das Wort ›wahrnehmen‹ (perceive) ist in unserem Alltagsgebrauch durch und durch mit der Vorstellung einer kognitiven Auffassung (cognitive apprehension) angereichert. Und das gilt auch schon für das Wort ›Auffassung‹, selbst ohne den Zusatz ›kognitiv‹. Ich werde das Wort ›Erfassen‹ (prehension) für nicht kognitive Auffassung verwenden: Damit meine ich Auffassung, die kognitiv sein kann oder nicht.« (SMW, 86f./69)

Wirkliche Einzelwesen sind Synthesen all ihrer Erfassungen, deren jede auf ein anderes wirkliches Einzelwesen ihrer »wirklichen Welt« (actual world) bezogen ist. Alle zusammen »erfassen« (prehend) sie die Gesamtheit aller wirklichen Einzelwesen, sofern diese für die Entstehung der sich je konstituierenden wirklichen Einzelwesen relevant sind, d. h. insofern sie deren wirklicher Welt angehören. Jede Synthese ist ein Prozeß des Entstehens eines wirklichen Einzelwesens und als solches ein »Zusammenwachsen« (concrescence) und Einswerden der mannigfaltigen Welt und gleichzeitig ihre Vermehrung um ein weiteres Geschöpf. Die Welt gebiert sich gleichsam ständig neu im Werden und Vergehen von wirklichen Einzelwesen:

»Das elementare metaphysische Prinzip ist das Fortschreiten von der Getrenntheit zur Verbundenheit, wobei ein neues Einzelwesen erschaffen wird, das sich von den in Getrenntheit vorhandenen Einzelwesen unterscheidet. Das neue Einzelwesen verkörpert zugleich die Gemeinsamkeit der ›vielen‹, die es zurückläßt; es ist ein neues Einzelwesen, das sich getrennt unter den vielen befindet, die es synthetisiert. Die vielen werden eins und werden um eins vermehrt.« (PR, 62f./32/21)

Ein wirkliches Einzelwesen ist also nicht die unveränderliche Grundlage seiner Erfahrungen. Ihnen gegenüber besitzt es auch keinerlei zeitliche Priorität, denn seine Erfassungen sind ihm nicht akzidentell, sondern konstitutiv: »[...] *wie* ein wirkliches Einzelwesen *wird*, begründet, *was* dieses wirkliche Einzelwesen *ist*« (PR, 66/34/23). Insofern ist ein wirkliches Einzelwesen niemals allein Subjekt (als das, woran etwas geschieht), sondern immer auch »Superjekt« (als Ergebnis des Geschehens):

»Es ist ganz wesentlich für die metaphysische Lehre der organistischen Philosophie, daß der Begriff eines wirklichen Einzelwesens als das unveränderte Subjekt der Veränderung vollständig aufgegeben wird. Ein wirkliches Einzelwesen ist zugleich das erfahrende Subjekt und das Superjekt seiner Erfahrungen. Es ist Subjekt-Superjekt, und keine Hälfte dieser Beschreibung kann auch nur für einen Augenblick außer acht gelassen werden.« (PR, 76/43/29)

Daraus geht hervor, daß eine Art Fremdbezüglichkeit dem Begriff eines wirklichen Einzelwesens wesentlich ist. Deshalb läßt sich auch von einem wirklichen Einzelwesen nicht eigentlich sagen, daß es einen bestimmten Ort und eine bestimmte Zeitspanne einnehme. »In gewissem Sinne ist alles immer und überall. Denn jede Lokalisierung schließt einen Aspekt ihrer selbst in jeder anderen Lokalisierung ein. Daher ist jeder raumzeitliche Standpunkt ein Spiegel der ganzen Welt.« (SMW, 112/91)

3. Einfache Lokalisierung

Der Irrtum, Begriffe, die nur in sehr abstrakter, d.h. grob vereinfachender, obschon in bestimmten Anwendungsbereichen notwendiger Weise Wesenszüge der Wirklichkeit bezeichnen, für adäquate und umfassende Beschreibungen dieser zu nehmen, ist nach Whitehead kennzeichnend für die Metaphysik der Neuzeit. Whitehead nennt dies den »Irrtum deplazierter Konkretheit« (fallacy of misplaced concreteness). Eine Variante dieses Irrtums ist der »Irrtum einfacher Lokalisierung« (fallacy of simple location):

»Unter der einfachen Lokalisierung verstehe ich eine Haupteigenschaft, die sich gleichermaßen auf den Raum wie auf die Zeit bezieht [...]. Das gemeinsame Charakteristikum von Raum und Zeit besteht darin, daß man von jedem Material sagen kann, es sei *hier* im Raum und *hier* in der Zeit oder *hier* in der Raum-Zeit, wobei diese Zuordnung einen vollkommen eindeutigen Sinn hat, den man nicht durch Rückgriff auf andere Gebiete der Raum-Zeit zu erklären hat.« (SMW, 64/49)

Das Konzept der einfachen Lokalisierung unterstellt eine »Selbstgenügsamkeit« (self-sufficiency) der Materie, die nicht dem entspricht, was unsere unmittelbare Wirklichkeitserfahrung zeigt:[21] »[...] die Idee der einfachen Lokalisierung [...] liegt dem gesamten Naturschema des siebzehnten Jahrhunderts zugrunde. Ohne sie hat das Schema keine Aussagekraft. Meine Argumentation geht dahin, daß es unter den primären Elementen der Natur, wie wir sie in unserer unmittelbaren Erfahrung auffassen, kein einziges gibt, das diese Eigenschaft der einfachen Lokalisierung aufweist.« (SMW, 74/58)

Ursache für die dennoch bestehende allgemeine Akzeptanz des Konzepts ist die Abhängigkeit des abstrakten Intellekts von eindeutig und durchgängig bestimmten Tatsachen. Wenn ich von einem Ding sinnvoll reden will, so muß ich es in Isolation betrachten können, und dazu muß ich seine Konturen erst gleichsam aus dem Kontext der Gesamtwirklichkeit herausschneiden. Die Grenzen, die ich einem Gegenstand bestimme, sind daher längst nicht so absolut, wie es mir scheinen will. Es ist der menschliche Intellekt, der vor der Grenzenlosigkeit zurückschreckt, nicht die Wirklichkeit selbst. Ein Irrtum entsteht dann, wenn Regeln des Verstandes für metaphysische Gesetze gehalten werden. Wir verlassen dann den zulässigen Anwendungsbereich der Regeln und betreten unversehens das Reich des Mythos: »Eine einzelne isolierte Tatsache ist der primär erforderliche Mythos für endliches Denken, d. h. für ein Denken, das die Totalität nicht zu umfassen vermag. Dieser mythologische Charakter entsteht, weil es keine solche Tatsache gibt. Verbundenheit ist allen Dingen jeder Art wesentlich.« (MT, 9) Es ist nicht allein persönliche Präferenz, die Whitehead zur prinzipiellen Universalisierung der »Verbundenheit« (connectedness) veranlaßt, sondern vielmehr sein rationalistischer Anspruch. Einfache Lokalisierung, als ontologische Tatsache verstanden, führt Philosophie und Wissenschaft unweigerlich in Widersprüche. Wenn die Vergangenheit in keiner Weise in der Gegenwart existent ist, wie kann es dann möglich sein, daß ich mich an Handlungen erinnere, die ich gestern oder selbst erst vor einer Sekunde begangen habe? Und wie soll, im Schatten dieser Annahme, überhaupt Kausalität, d.h. eine Einflußnahme der Gegenwart auf die Zukunft (oder der Vergangenheit auf die Gegenwart), vorgestellt und erklärt werden? [22] Auch jede Wirklichkeitserfahrung wird zum Mysterium, weil das Modell der einfachen Lokalisierung nicht vorsieht, daß etwas zugleich außer mir und in mir existieren könne.

Es ist schon ein Zeichen von arger philosophischer Aporie, wenn bei Descartes etwas dem Menschen so unmittelbar Gewisses wie die Realität der äußeren Welt eines umständlich konstruierten indirekten Beweises bedarf, dessen Prämisse nichts Geringeres als das Wissen um Wesen und Wirken Gottes ist. Und selbst wenn man mit Descartes annehmen wollte, daß Gott kein listenreicher Betrüger ist, oder mit Leibniz an eine prästabilierte Harmonie glauben will, so wird deshalb allenfalls gewiß, daß die Welt existiert, nicht aber, daß sie wirklich *wahrgenommen* wird. Die Welt wäre dann zwar real, und unsere Wahrnehmungen würden ihr sogar aufs genaueste entsprechen, doch ihre direkte Wahrnehmung qua Wahrnehmung wäre bloßer Schein. Damit hätte die gemeine Vorstellung von Relationen zwischen den Dingen offenbar keine Entsprechung in der Natur.

Eine solipsistische Konsequenz liegt auf der Hand. Es folgt, daß die Realität von Relationen nur verständlich gemacht werden kann, wenn den jeweiligen Relata eine Möglichkeit zur Selbst-Transzendenz eingeräumt wird, d. h. wenn das Konzept der einfachen Lokalisierung aus der metaphysischen Spekulation entfernt wird: Nur wenn es innere Relationen gibt, kann es externe Relationen geben.

4. Innere Relationen

Nach Platon ist »es die vollkommenste Vernichtung alles Redens und Denkens [...], wenn man jedes von allem anderen getrennt sein läßt. Denn nur durch die Verflechtung der Begriffe untereinander entsteht uns die Rede.«[23] Innere Relationen sind gleichwohl den meisten Philosophen, oder jedenfalls denen, die keine Monisten sind, zunächst einmal grundsätzlich verdächtig. Nicht ohne Grund, denn innere Relationen tendieren dazu, ins Bodenlose abzugleiten, wenn sie nur partiell Gültigkeit haben sollen, sich aber völlig aufzulösen, wenn sie das Ganze betreffen. Nehmen wir an, daß Wesen oder Existenz des wirklichen Einzelwesens A sich auf Wesen bzw. Existenz des wirklichen Einzelwesens B gründen und dies umgekehrt genauso gilt, so befinden wir uns in einem Circulus vitiosus, indem wir Wesen und Existenz beider Einzelwesen Ursache ihrer selbst sein lassen, womit wir ihnen bereits allen wirklichen Grund entzogen haben.

Dem Zirkel entrinnen kann man nur, wenn man ihn auf das Weltganze ausdehnt, das selbst keiner Ursache mehr bedarf, doch nur um den Preis von Realismus und Pluralismus. So schreibt Bertrand Russell, Schüler und späterer Widersacher Whiteheads, in Auseinandersetzung mit dem Idealismus Bradleys: »[...] Wenn das Axiom der inneren Relationen wahr ist, folgt daraus, daß es keine Verschiedenheit und nur ein einziges Ding gibt.«[24] Ähnlich deutlich äußert sich A.O. Lovejoy: »Die Lehre der Wesentlichkeit aller Relationen kann nur in den Idealismus führen.«[25] Versuchen wir zu klären, ob – wie einige Kommentatoren, z. B. Lovejoy und W.P. Alston[26], glauben – auch Whiteheads Lehre von der Verbundenheit alles Seienden notwendig diese Konsequenz nach sich zieht. Betrachten wir dazu eine längere Passage aus *Science and the Modern World*:

»Die Theorie der Beziehung zwischen Geschehnissen, zu der wir nun gelangt sind, beruht zunächst auf der Lehre, daß das Bezogensein eines Geschehnisses ganz aus inneren Relationen besteht, was das jeweilige Geschehnis angeht, jedoch nicht notwendigerweise, was die anderen Relata betrifft. [...] Dieses innere Bezogensein ist der Grund, aus dem sich ein Geschehnis nur genau da finden läßt, wo es ist und wie es ist – in genau einer abgegrenzten Beziehungsmenge. Denn jede Beziehung geht in das Wesen des Geschehnisses ein; ohne diese Beziehung wäre das Geschehnis also nicht es selbst. Genau das ist mit dem Begriff der inneren Relationen gemeint. Gewöhnlich, ja sogar ganz allgemein, hat man behauptet, daß es sich bei den raum-zeitlichen Beziehungen um äußere handelt. Diese Lehre wird hier zurückgewiesen.« (SMW 148/122f.)

Die Relationen eines »Geschehnisses« (event) – hier synonym mit wirklichem Einzelwesen gebraucht – seien also ausnahmslos innere, »was das jeweilige Geschehnis angeht, jedoch nicht notwendigerweise, was die anderen betrifft«. Das heißt konkret: Wenn wirkliches Einzelwesen A wirkliches Einzelwesen B erfaßt (also konstitutiv auf B bezogen ist), so folgt daraus nicht, daß B auch A erfaßt. Tatsächlich ist der Fall eines gegenseitigen Erfassens in Whiteheads Erfahrungsontologie ausgeschlossen, denn jedes wirkliche Einzelwesen erfaßt grundsätzlich nur diejenigen anderen wirklichen Einzelwesen, die in seiner Vergangenheit liegen. Für Whitehead bedeutet *vergangen sein* kaum etwas anderes als erfahren zu werden, und alles, was erfahren wird, ist notwendig vergangen. Die wirklichen Einzelwesen, welche erfaßt werden, verhalten sich zu dem sie erfassenden wirklichen Einzelwesen wie die Ursache zu ihrer Folge. Gleichzeitige wirkliche Einzelwesen nehmen einander nicht wahr: Ihre Gleichzeitigkeit ist ein »Einklang des Werdens« (unison of becoming), jedes Werden aber ist ein nur für das Subjekt des Werdens erfahrbarer, nach außen hin abgeschlossener Prozeß. Erst wenn ein wirkliches Einzelwesen sich ganz konstituiert hat – und das kann es nur, wenn es sich vor ständig neuen Erfahrungen bewahrt –, wird es Bestandteil in der Beschaffenheit neuer wirklicher Einzelwesen.

Daraus folgt selbstverständlich auch, daß zukünftige wirkliche Einzelwesen nicht erfaßt werden können – in Charles Hartshornes treffender Formulierung: »Eine Erfahrung ist immer unwissend über die Art, wie sie erinnert werden wird«.[27] Insofern sind Subjekt und Objekt der Erfahrung in Whiteheads System niemals austauschbar, was bedeutet, daß Realismus und Pluralismus durch die Annahme der Wirklichkeit innerer Relationen allein nicht gefährdet sind: »Das Erlebnis, nämlich das sich erinnernde Subjekt, bezieht sich auf das erinnerte Objekt; dieses aber bezieht sich nicht auf das sich erinnernde Subjekt und ist daher von ihm unabhängig. Dies ist das Prinzip des Realismus«.[28] Das für eine pluralistische Wirklichkeit so gefährliche Prinzip der inneren Bezüglichkeit wird durch das »Prinzip der Abwesenheit« (Capek)[29], bezogen auf gleichzeitige und zukünftige wirkliche Einzelwesen, im Gleichgewicht gehalten.

5. Zeitlose Gegenstände und das ontologische Prinzip

»Zahlreich ist also bei jedem Begriff das Seiende, unermeßlich an Zahl dagegen das Nichtseiende«, sagt der Fremde in Platons *Sophistes.*[30] Whiteheads Philosophie ist berüchtigt für ihren Platonismus. In *Prozeß und Realität* bezieht sich Whitehead ausdrücklich auf Plato und stellt seine organismische Philosophie in die große europäische Tradition, die sämtlich aus dem reichen Schatz von philosophischen Anregungen, die sich in Platons Schriften fänden, schöpfe. In diesem Sinne ist auch der vielleicht bekannteste Satz Whiteheads zu verstehen, nämlich, daß »die sicherste allgemeine Charakterisierung der philosophischen Tradition Europas« die sei, »daß sie aus einer Reihe von Fußnoten zu Platon« bestünde (PR, 91/63/39).

Kaum ein Zitat von vergleichbarer Bekanntheit irgendeines Philosophen ist wohl häufiger mißverstanden worden als diese Stelle. Denn es liegt darin keine schnöde Mißachtung der nachplatonischen Philosophien, sondern nur Bewunderung für die Weite und Tiefe des Platonischen

Denkens und die Überzeugung, daß niemand, der sich Philosoph nennt, an Platons Einsichten und mehr noch an den Fragen, die er aufzuwerfen verstand, unbewegt vorübergehen kann: »Plato stellt alle grundlegenden Fragen, ohne sie zu beantworten.« (ESP, 89)

Doch ist es nicht dies allein, was Whiteheads Kosmologie platonisch macht: Es sind die *ideai* Platons, die als Formen der Wirklichkeit auch Whitehead als unverzichtbar erscheinen und darum in der organismischen Philosophie neben den wirklichen Einzelwesen einen, ontologisch gesprochen, hervorragenden Platz einnehmen. Unter acht Kategorien der Existenz stechen diese beiden mit einer bestimmten »extremen Endgültigkeit« (certain extreme finality) (PR, 64/33/22) heraus: wirkliche Einzelwesen und »zeitlose Gegenstände« (eternal objects). In der 19. Kategorie der Erklärung wird festgehalten, daß »die grundlegenden Typen von Einzelwesen wirkliche Einzelwesen und zeitlose Gegenstände sind; und daß die anderen Typen nur beschreiben, wie alle Einzelwesen dieser beiden grundlegenden Typen in der wirklichen Welt eine Gemeinschaft bilden.« (PR, 69/37/25)

Whitehead beschreibt das verbindende Moment zwischen platonischer Ideenlehre und (unter anderen) organismischer Philosophie folgendermaßen: »In einer solchen Philosophie werden die Wirklichkeiten, die den Prozeß der Welt ausmachen, als Veranschaulichung des Eintretens anderer Dinge interpretiert, die den Potentialitäten der Abgegrenztheit jeder wirklichen Existenz zugrunde liegen. Die zeitlichen Dinge entstehen aufgrund ihrer Teilhabe an den ewigen Dingen.« (PR, 92/63/40) Zeitlose Gegenstände sind nichts anderes als die Möglichkeiten der Wirklichkeit: »Verwirklichung ist also eine Auswahl unter Möglichkeiten«

(SMW, 186/159). Welche Möglichkeiten jeweils ausgewählt werden und wie sie durch ein wirkliches Einzelwesen realisiert werden, bestimmt, was es ist. Als Möglichkeiten sind zeitlose Gegenstände nicht gebunden an dieses oder jenes wirkliche Einzelwesen, sondern sie sind äußerlich frei, in jedes beliebige Einzelwesen einzugehen, mit anderen Worten: Sie sind *wieder*holbar. Dementsprechend weit faßt Whitehead auch den Begriff: »Jedes Einzelwesen, das begrifflich erkannt werden kann, ohne daß hierzu ein Rückgriff auf irgendwelche bestimmten wirklichen Einzelwesen der zeitlichen Welt erforderlich wäre, wird ›zeitloser Gegenstand‹ genannt.« (PR, 99f./70/44)

Ohne solche wiederholbaren Formen, ohne zeitlose Gegenstände, wäre die Welt ein buchstäblich unvorstellbares Chaos, denn nichts hätte Ähnlichkeit mit irgendetwas anderem. Keine Ontologie kommt daher ohne zeitlose Gegenstände aus. Die Frage ist allein, welchen ontologischen Status man ihnen einräumen will. Aufschluß darüber gibt u.a. die Kategorientafel in *Prozeß und Realität.* Die Whiteheadschen Kategorien sind in vier Gruppen gegliedert. Die erste Gruppe umfaßt nur eine Kategorie, die »Kategorie des Elementaren« (Category of the Ultimate). Es folgen acht »Kategorien der Existenz«, 27 »Kategorien der Erklärung« und neun »kategoriale Verpflichtungen«. Die Kategorientafel erhebt weder Anspruch auf Vollständigkeit noch auf Notwendigkeit, sondern ist der Versuch, den Erfordernissen des Systems Rechnung zu tragen. Sie ist sowohl Ergebnis des spekulativen Unternehmens als auch ihr Unterbau. Gemäß der dreizehnten Kategorie der Erklärung, dem sogenannten ontologischen Prinzip, kann es nichts geben, das seinen Grund nicht in der Beschaffenheit eines wirklichen Einzelwesens hätte. Die Kategorie besagt, daß »jede Bedingung, die der Werdensprozeß in jedem Einzelfall erfüllt, ihren Grund *entweder* im Charakter irgendeines wirklichen Einzelwesens in der wirklichen Welt dieser Konkretisierung *oder* im Charakter des Subjekts hat, das sich im Prozeß der Konkretisierung befindet. Diese Kategorie der Erklärung wird als das ›ontologische Prinzip‹ bezeichnet.« (PR, 68/36/24) Selbstverständlich gilt dieses Prinzip auch für zeitlose Gegenstände.

Nun gibt es zwei Wege, über die zeitlose Gegenstände in wirkliche Einzelwesen »eingehen« (ingress) können: Der erste ist der Weg der »körperlichen Erfassung« (physical prehension), der zweite der der »begrifflichen Erfassung« (conceptual prehension). Körperliche Erfassung ist direkte Erfassung von anderen wirklichen Einzelwesen, und zwar in ihrem Sosein. In seiner konkreten Bestimmtheit exemplifiziert jedes wirkliche Einzelwesen eine Reihe von zeitlosen Gegenständen, und diese zeitlosen Gegenstände sind es, die als konstitutiv für dieses wirkliche Einzelwesen von anderen sich konstituierenden wirklichen Einzelwesen erfaßt werden. Allerdings werden nicht alle so erfaßten zeitlosen Gegenstände relevant für die Beschaffenheit des erfassenden Subjekts, sondern die meisten werden »negativ« erfaßt: »Es gibt zwei Arten des Erfassens, die ›positive‹ und die ›negative‹. Ein wirkliches Einzelwesen hat eine vollkommen bestimmte Bindung an jede Einzelheit des Universums. Diese bestimmte Bindung ergibt sich aus seinem Erfassen jener Einzelheit. Ein negatives Erfassen ist der endgültige Ausschluß jener Einzelheit von einer positiven Einwirkung auf die reale innere Beschaffenheit des Subjekts selbst.« (PR, 94/66/41) Negative Erfassungen sind nicht nichts: Als Erfassungen haben sie wie die Empfindungen (»feelings«) – die positiven Erfassungen – eine subjektive Form, d.h. ein Wie des Erfassens.

Subjektive Formen bilden eine eigene Kategorie der Existenz, sie heißen auch »private Sachverhalte« (private matters of fact) (PR, 63/32/22) und sind die eigentlichen Determinanten der inneren Konstitution des wirklichen Einzelwesens, indem sie bestimmen, wie die zeitlosen Gegenstände, die seine wirkliche Welt bereitstellt, erfaßt werden. Sie sind die Momente, die ein wirkliches Einzelwesen nicht nur Superjekt seiner Erfassungen sein lassen, sondern darüber hinaus auch ihr individuelles Subjekt. Sie sind das Element des Gefühls in der Erfassung. Die Data der Erfassungen mögen sich wiederholen, denn sie sind zeitlose Gegenstände, doch keine subjektive Form gleicht einer anderen:

»Die in seinem Wesen liegende Neuheit des Empfindens geht einher mit seiner subjektiven Form. Die anfänglichen Daten und selbst der Nexus, der das objektive Datum ist, können anderen Empfindungen mit anderen Subjekten zur Verfügung gestanden haben. Aber die subjektive Form ist das unmittelbar Neue; sie besteht darin, wie *dieses* Subjekt jenes objektive Datum empfindet. [...] Wenn wir die Form vom Empfinden abstrahieren, verbleibt uns ein zeitloser Gegenstand als das Residuum der subjektiven Form.« (PR, 424/354/232)

Deshalb ist jede Erfassung individuell und nicht von ihrem Subjekt zu trennen, und deshalb sind selbst negative Erfassungen konstitutiv: »Ein Empfinden trägt die Male seiner Geburt; [...] es bewahrt den Eindruck von dem, was es hätte sein können, aber nicht ist.« (PR, 414/346/226f.) Darüber hinaus erfüllen negative Erfassungen noch einen überaus wichtigen Zweck: Sie ermöglichen allererst, daß aus den vielen erfaßten wirklichen Einzelwesen ein einziges neues wird. Würden die vergangenen wirklichen Einzelwesen nämlich alle in ihrer Gänze, d. h. als vollständiger Komplex zeitloser Gegenstände, erfaßt, so müßten notwendig einige von ihnen aufgrund ihrer absoluten Gegensätzlichkeit inkompatibel sein, und wieder andere würden mehrmals auftreten. Damit ein wirkliches Einzelwesen aber eine individuelle Einheit bilden kann, muß jedes Element seiner Beschaffenheit mit jedem anderen harmonieren.

Whitehead begründet die daraus resultierende Unvermeidlichkeit der Selektion in der ersten kategorialen Verpflichtung: der »Kategorie der subjektiven Einheit«: »Die vielen Empfindungen, die zu einer unvollständigen Phase im Prozeß eines wirklichen Einzelwesens gehören, lassen sich aufgrund der Einheit ihres Subjekts für die Integration vereinbaren, auch wenn sie wegen der Unvollständigkeit der Phase noch nicht integriert sind.« (PR, 71/39/26) Diese Kategorie bedingt eine Unterscheidung von »anfänglichem Datum« (initial datum) einer Erfassung und »objektivem Datum« (objective datum). Das ursprüngliche Datum ist ein wirkliches Einzelwesen, das objektive Datum ist eine von dessen Empfindungen. Der Übergang vom ursprünglichen zum objektiven Datum geschieht mittels Aussparung durch negative Erfassungen aufgrund der gegenseitigen Beeinflussung der subjektiven Formen gemäß den kategorialen Bedingungen. Das objektive Datum ist derjenige Aspekt des ursprünglichen Datums, der wegen seiner Kompatibilität mit anderen Aspekten anderer Erfassungen integraler Bestandteil des neuen Subjekts werden kann und wird.

Die »im ursprünglichen Erfassen gegebene Disharmonie der Welt« (AI, 453/334) wird so überwunden: »Die Konkretisierung der anfänglichen Daten zum objektiven Datum wird ermöglicht durch die subjektive Form. Das objektive Datum ist die Perspektive der anfänglichen Daten.« (PR, 405/338/221)

Zeitlose Gegenstände gehen ferner über die begrifflichen Erfassungen in die Beschaffenheit eines wirklichen Einzelwesens ein. Diese sind unmittelbar auf zeitlose Gegenstände bezogen und nicht auf andere wirkliche Einzelwesen. Gemäß der vierten und fünften kategorialen Bedingung ereignen sich begriffliche Erfassungen entweder als Wiederholung des im objektiven Datum einer körperlichen Erfassung gegebenen zeitlosen Gegenstands oder als Abweichung von ihm. Der erste Fall heißt »begriffliche Wertung« (conceptual valuation), der zweite »begriffliche Umkehrung« (conceptual reversion):

»(iv) *Die Kategorie der begrifflichen Wertung.* Von jedem physischem Empfinden leitet sich ein begriffliches ab, dessen Datum der zeitlose Gegenstand ist, der die Abgegrenztheit des wirklichen Einzelwesens oder physisch empfundenen Nexus bestimmt.

(v) *Die Kategorie der begrifflichen Umkehrung.* Es gibt eine sekundäre Entstehung begrifflicher Empfindungen, deren Daten nur zum Teil mit den zeitlosen Gegenständen identisch sind, aus denen sich die Daten in der ersten Phase des geistigen Pols zusammensetzen. Diese relevante Abweichung richtet sich nach dem subjektiven Ziel.

Man beachte, daß Kategorie (iv) die begriffliche Reproduktion des physischen Empfindens betrifft und Kategorie (v) die begriffliche Abweichung vom physischen Empfinden.« (PR, 71f./39f./26)

Einige in diesen Kategorien verwendete Begriffe wurden bisher noch nicht erwähnt: Ein »Nexus« ist »eine Menge von wirklichen Einzelwesen in der Einheit des Bezogenseins [...], die durch ihre wechselseitig erfaßten Informationen voneinander begründet wird«. (14. Kategorie der Erklärung; PR, 67/35/24) Der größte Nexus ist die Welt selbst, und alle übrigen Nexūs sind im Vergleich zu ihr »untergeordnete Nexūs« (subordinate nexuus).

Das »subjektive Ziel« (subjective aim) ist gleichsam die Idee, die das sich im Prozeß der Aktualisierung befindliche wirkliche Einzelwesen von sich selbst hat. Das subjektive Ziel steuert den Prozeß des Zusammenwachsens, indem es sowohl den Grund für die Ausschließung bestimmter Elemente aus der inneren Beschaffenheit seines Subjekts (durch negative Erfassungen) gibt als auch für den jeweiligen Charakter der subjektiven Formen: Die Empfindungen »sind, was sie sind, damit ihr Subjekt sein kann, was es ist.« (PR, 406/339/222) Das subjektive Ziel ist die Finalursache eines wirklichen Einzelwesens, während die Data seiner wirklichen Welt (d. h. die erfaßten wirklichen Einzelwesen) zusammen die Wirkursache bilden. Ein wirkliches Einzelwesen entsteht aus dem Zusammenspiel beider Ursachen.

Bezüglich des ontologischen Status von zeitlosen Gegenständen läßt sich nun folgendes sagen: Solche zeitlosen Gegenstände, die entweder durch körperliche Erfassung oder durch begriffliche Erfassung in der oben erklärten Form der begrifflichen Wertung in die Beschaffenheit eines neuen Subjekts eingehen, haben ihren Seinsgrund in der Beschaffenheit irgendeines anderen wirklichen Einzelwesens in der Vergangenheit dieses Subjekts, d. h. in seiner wirklichen Welt. Solche zeitlosen Gegenstände, die durch begriffliche Erfassung in der Form der begrifflichen Umkehrung Eingang erhalten, haben ihren Grund im subjektiven Ziel des werdenden wirklichen Einzelwesens. So stellt das in der 18. Kategorie der Erklärung formulierte ontologische Prinzip Wirkursächlichkeit und Zweckursächlichkeit als gleichberechtigte Gründe nebeneinander und könnte auch

»das ›Prinzip der Wirk- und Zweckverursachung‹ genannt werden. Dieses ontologische Prinzip besagt, daß wirkliche Einzelwesen die einzigen *Gründe* sind; deshalb ist die Suche nach einem *Grund* immer die Suche nach einem oder mehreren wirklichen Einzelwesen. Daraus folgt, daß jede Bedingung, die ein wirkliches Einzelwesen in seinem Prozeß erfüllen muß, entweder eine Tatsache über die ›reale innere Beschaffenheit‹ einiger anderer wirklicher Einzelwesen ausdrückt oder über das ›subjektive Ziel‹, das diesen Prozeß bedingt.« (PR, 68/36f./24)

Nun ist aber das subjektive Ziel schwerlich aus dem Charakter des sich im Prozeß des Zusammenwachsens befindlichen Subjekts zu erklären, denn gerade der Charakter dieses Subjekts wird ja allererst durch das subjektive Ziel seines Entstehungsprozesses bestimmt. Bevor irgendetwas anderes entstehen kann, muß das den Prozeß leitende subjektive Ziel feststehen. Darum kann ein Zirkel nur dann vermieden werden, wenn das subjektive Ziel selbst seinen Grund außerhalb desjenigen wirklichen Einzelwesens hat, welches es initiiert. Denn einen Grund muß es haben, wenn dem ontologischen Prinzip, das ja nichts anderes ist als der altbekannte Lukretische Grundsatz, daß aus nichts nichts werden könne, Genüge getan werden soll: »Es ist ein terminologischer Widerspruch anzunehmen, daß irgendeine erklärende Tatsache aus dem Nichtsein in die wirkliche Welt fließen kann. Nichtsein ist nichts.« (»Nonentity is nothingness.«) (PR, 103/73/46) Der bislang fehlende Grund ist dasjenige wirkliche Einzelwesen, in dessen begrifflicher Wertung sich alle Möglichkeiten, d.h. alle zeitlosen Gegenstände, die für andere wirkliche Einzelwesen jemals erfaßbar sein können, realisiert finden. Diesen Grund aller Möglichkeiten nennt Whitehead Gott, und das subjektive Ziel eines wirklichen Einzelwesens ist somit das von Gott gegebene Ideal seiner Verwirklichung. Es folgt, daß Gottes Existenz durch eine konsequente Anwendung des ontologischen Prinzips gefordert wird.

6. Subjektivistisches und sensualistisches Prinzip: Die klassisch-neuzeitliche Erkenntnistheorie

Um das Verhältnis zwischen Subjekt und Objekt der Erfahrung richtig zu bestimmen, muß Klarheit über den Charakter des in der Erfahrung Gegebenen herrschen. Zwei Prinzipien gibt es, die von der philosophischen Erkenntnistheorie seit Descartes in der Regel anerkannt[31] und von Whitehead ausdrücklich abgelehnt werden. Whitehead nennt sie das »subjektivistische« und das »sensualistische« (sensationalist) Prinzip und definiert sie wie folgt: »Das subjektivistische Prinzip besagt, daß das Datum im Erfahrungsakt allein mit Hilfe von Universalien erschöpfend analysiert werden kann. Nach dem sensualistischen Prinzip ist die primäre Aktivität im Erfahrungsakt die bloße subjektive Aufnahme des Datums, bar jeglicher subjektiven Form der Rezeption. Dies ist die Lehre von der *bloßen* Sinneswahrnehmung.« (PR, 295/239/157) Die aristotelische Bestimmung der Substanz, nach der sie dasjenige sei, von dem alles übrige ausgesagt werde, während es selbst von keinem anderen ausgesagt werde,[32] führt, verbunden mit der zusätzlichen Annahme, daß das menschliche Bewußtsein eine solche Substanz sei, zu Descartes' berühmter subjektivistischer Wende in den *Meditationen*, in welchen die dem Ich erfahrbaren Dinge nur noch als Aggregate von allgemeinen Qualitäten erscheinen. Da in der Erfahrung selbst aber per definitionem keine andere Substanz gegeben ist als das erfahrende Subjekt, wird allein dieses durch die Qualitäten charakterisiert.

Whitehead wirft Descartes vor, daß er die Bedeutung seiner eigenen Entdeckung, daß der Ausgangspunkt der philosophischen Betrachtung die menschliche Erfahrung selbst sein müsse, nicht erkannt habe: »Aber wie Columbus nie Amerika besuchte, entging auch Descartes die ganze Reichweite seiner Entdeckung.« (PR, 298/241/159) Trotz seiner Erkenntnis habe er nämlich versucht, die Struktur dieser Erfahrung in den Kategorien von Substanz und Qualität zu beschreiben anstatt umgekehrt die Beschreibung der Welt aus der Struktur der Erfahrung her anzugehen: »Wenn aber das Erleben (enjoyment) der Erfahrung die konstitutive subjektive Tatsache ist, dann haben diese Kategorien jeglichen Anspruch verloren, in der Metaphysik als grundlegend angesehen zu werden.« (ebd.) Konkret heißt das, wenn nach der subjektivistischen Wende die primäre Tatsache nicht mehr, sagen wir, Rotheit und Rundheit einer Tomate ist, sondern meine Wahrnehmung dieser Tomate als rot, führt die unverdrossene Anwendung des Subjekt-Prädikat-Schemas zu eher absurden Ableitungen – denn nicht ich bin es, der rot und rund ist, wenigstens nicht aufgrund meiner Wahrnehmung von Röte und Rundheit, sondern, wenn irgendetwas, dann die von mir wahrgenommene Tomate. Die gegenteilige Annahme widerspricht offenbar auch dem »unbeugsam objektivistisch[en]« (inflexibly objectivist) (PR, 296/240/158) gesunden Menschenverstand der alltäglichen Erfahrung: Wenn die Qualitäten der Dinge ihren Ursprung nicht in einer äußeren Welt, sondern allein in unserem Geist haben, sind wir nur der Autor unseres eigenen Spiels, und wir dichten »der Natur etwas an, was in Wahrheit uns selbst vorbehalten bleiben sollte: der Rose den Duft, der Nachtigall den Gesang und der Sonne die Strahlen. Die Dichter sind völlig im Irrtum. Sie sollten ihre Lyrik an sich selber richten und sie in Oden der Selbstverherrlichung aller Vortrefflichkeit des menschlichen Geistes umwandeln. Die Natur ist eine öde Angelegenheit, tonlos, geruchlos und farblos; nichts als das endlose und bedeutungslose Vorbeihuschen von Material.« (SMW, 70/54)

Die unverkennbare Ironie der zitierten Passage richtet sich auch – über die Kritik an den Konsequenzen des subjektivistischen Prinzips hinaus – gegen die Inadäquanz des sensualistischen Prinzips. Wenn nämlich die Natur, wie Whitehead sagt, eine »öde Angelegenheit« (dull affair) wäre, gäbe es weder Geräusche noch Gerüche, noch Farben, so weist dies auf eine sich der vorgeblichen Objektivität bloßer Anschauung entziehende Erfahrung hin, in welcher das Sinnesdatum niemals nackt, sondern immer schon emotional gefärbt auftritt. Selbst David Hume, von Whitehead als Hauptvertreter des sensualistischen Prinzips diskutiert, bemerkt, daß sich Wahrnehmung im wachen Zustand hauptsächlich durch eine gewisse »Stärke und Lebhaftigkeit«, also eine subjektive Form, von der Traumerfahrung abhebe. In unserer Erfahrung selbst gibt es nichts, was darauf hinwiese, daß wir zuerst etwa eine deutliche Grünwahrnehmung, verbunden mit dem Geruch von Kiefernnadeln und dem akustischen Signal von Blätterrauschen empfänden, um anschließend diesen Daten ein emotionales Kleid von Zustimmung oder Abneigung hinzuzufügen. Vielmehr scheint die emotionale Färbung dem Datum der Erfahrung wesentlich zueigen zu sein: »Es gehört zum Wesen der Wahrnehmung, daß es in ihr ›um etwas geht‹ (Concernedness is of the essence of perception).« (AI, 333/232) Emotionale Betroffenheit zeigt sich selbst in den Bereichen, wo keine klaren und deutlichen Sinnesdaten empfangen werden.

Im Sinne Whiteheads wäre es deshalb richtiger, nicht z. B. *dieses angenehme Grün* als die angemessenste Beschreibung des Inhalts einer beliebigen Wahrnehmung zu begreifen, sondern eher *dieses grünliche Wohlgefühl*. Im ersten Fall ist die

Farbe grundlegend, im zweiten Fall das Gefühl selbst: »Unser hochentwickeltes Bewußtsein macht aus den Sinnesqualitäten rein objektive Gegebenheiten, eben Daten; aber unser in seinen Grundlagen animalisches Erleben faßt sie als Typen subjektiven Fühlens auf. Das Erlebnis beginnt als ›dieser geruchsartige Eindruck‹ und wird vom Bewußtsein zum ›Eindruck von diesem bestimmten Geruch‹ weiterverarbeitet.« (AI, 431f./315) Sinnesdaten fungieren so gleichzeitig als bestimmendes Element in der Beschaffenheit des Datums einer Erfassung und als bestimmendes Element in ihrer subjektiven Form. Sie werden darum als zeitlose Gegenstände der subjektiven Art (of the subjective species) klassifiziert und unterscheiden sich von solchen der objektiven Art (of the objective species) dadurch, daß die letzteren niemals die subjektive Form einer Erfassung qualifizieren können (vgl. PR, 527f./445ff./290f.).

Im wesentlichen fällt die Unterscheidung von zeitlosen Gegenständen der objektiven und subjektiven Art mit der Lockeschen Einteilung der Qualitäten in primäre und sekundäre zusammen, nur daß für Whitehead auch die sekundären Qualitäten ihren Ursprung im Objekt der Wahrnehmung haben. So können zum Beispiel im Entstehungsprozeß eines wirklichen Einzelwesens Blauheit und Rotheit sowohl als Determinanten eines anderen wirklichen Einzelwesens von dessen wirklicher Welt agieren als auch als Determinanten des *Wie* der Erfassung: Dies folgt aus der Ablehnung des sensualistischen Prinzips. Auch wenn wir gewöhnlich Gefühle nicht als rot oder blau bezeichnen würden, so gibt es doch eine Fülle von Redewendungen, die auf den emotionalen Charakter von Farben hinweisen: Wir reden von einem kühlen Blau und einem warmen Rot, begrüßen es selten, wenn jemand rotsieht und neigen dazu, schwarz zu sehen, und mancher schreibt sich blaues Blut zu. Anders verhält es sich nach Whitehead mit den »mathematischen Formen«: Rundheit und Dreieckigkeit wären danach nicht tauglich zur Charakterisierung eines Gefühls.

Aus der Ablehnung von subjektivistischem und sensualistischem Prinzip folgt der Grundsatz der »Anpassung« (conformation) der subjektiven Formen von Subjekt und Objekt einer Erfassung. Dieser Grundsatz begründet die »Solidarität« der Welt (vgl. PR, 307/249/164) und auch ihren starken deterministischen Zug (vgl. AI, 444/326). Whitehead schreibt: »Die primitive Form der physischen Erfahrung ist emotional-blindes Gefühl, wird rezipiert, als werde sie anderswo, in einem anderen Ereignis empfunden und als eine subjektive Leidenschaft konform angeeignet. In der Sprache der höheren Erfahrungsstufen ist das primitive Element *Sympathie*, das heißt, Empfinden des Empfindens *in* einem anderen und konform *mit* einem anderen.« (PR, 303f./246/162)

Es darf nicht vergessen werden, daß hier von mikroskopischen Prozessen die Rede ist: von wirklichen Einzelwesen, nicht von ganzen Menschen und ihrer bewußten Wahrnehmung einer gegenständlichen Welt. Der Sachverhalt *Herr Meier, einen grauen Stein betrachtend* beschreibt eine andere Wahrnehmungsart als diejenige, um die es hier geht. Mein Bewußtseinsinhalt (im weitesten, auch emotionalen Sinne) zum Zeitpunkt t_2 und dessen Beziehung zum unmittelbar vorausgegangenen Bewußtseinsinhalt zum Zeitpunkt t_1 sowie zu den Vorgängen in meinem Gehirn in t_1 wäre ein Beispiel für die primitive Form der Wahrnehmung, des Empfindens einer Empfindung in einem anderen (wirklichen Einzelwesen) und mit einem anderen. Der eben vorbeigegangene Augenblick ist mir noch gegenwärtig als erfüllt vom Gefühl der geistigen Spannung (Empfinden »in einem anderen«), wie dieser Augenblick jetzt erfüllt ist von eben derselben Spannung (»mit einem anderen«).

Die Übertragung der subjektiven Form *geistige Spannung* wird sich fortsetzen, solange kein anderer, äußerer Einfluß die Übertragung stört: Wenn ich im unbeheizten Arbeitszimmer allmählich kalte Füße bekomme, so wird früher oder später die subjektive Form *kaltartiges Unwohlsein,* indem sie sich durch eine Vielzahl von Körperzellen von meinen Füßen bis ins Gehirn hinein vererbt, von meinem Bewußtsein sympathetisch erfaßt werden. Je nach Intensität des Gefühls (vgl. Kap. VI.3.) wird nun mein Gesamterlebnis des gegenwärtigen Moments bald bestimmt sein durch die subjektive Form *kaltartiges Unwohlsein* mit der vektorialen Lokalisierung des Gefühlsursprungs in meinen Füßen, wogegen die subjektive Form *geistige Spannung* mit jedem Moment (und das heißt: mit jedem neu sich konkretisierenden wirklichen Einzelwesen, dessen kontinuierliche Reihe ich gewohnt bin, als mein eines Bewußtsein zu begreifen) an Bedeutung verliert, um schließlich völlig verschwunden zu sein bzw. nur noch in meiner Erinnerung besteht als nicht mehr aktual existent.

Die Frage ist, wie sich mit einem solchen Wahrnehmungsmodell Herrn Meiers Betrachtung des grauen Steines erklären läßt.

7. Modi der Wahrnehmung

Whitehead unterscheidet zwei sogenannte »reine« Modi der Wahrnehmung sowie einen gemischten Modus. Die reinen Modi heißen »kausale Wirksamkeit« (causal efficacy) und »vergegenwärtigende Unmittelbarkeit« (presentational immediacy) oder auch nicht-sinnliche und sinnliche Wahrnehmung. Das Zusammenspiel beider ist die gewöhnliche Form der menschlichen Wahrnehmung und heißt »symbolische Bezugnahme« (symbolic reference). Wahrnehmung im Modus der kausalen Wirksamkeit ist die primäre, für alle wirklichen Einzelwesen gegebene Form der Wahrnehmung wie sie oben (Kap. III.6.) erläutert wurde, nämlich als Erfassung eines Datums bestehend aus wirklichen Einzelwesen unter Übernahme der subjektiven Form: »Der primitive, ursprüngliche Charakter der direkten Wahrnehmung ist Vererbung. Vererbt wird der Ton des Empfindens mit Anzeichen für seinen Ursprung: es ist mit anderen Worten der Ton des Vektor-Empfindens« (vector feeling-tone) (PR, 229/182/119).

In der menschlichen Erfahrung äußert sich diese Form der Wahrnehmung erstens als Erinnerung an das eigene Selbst der unmittelbaren Vergangenheit (vgl. AI, 335/233f.) und zweitens im Erleben des Körpers als Medium der sinnlichen Wahrnehmung. Wir sind uns unmittelbar bewußt, daß wir mit unseren Augen sehen und mit unseren Ohren hören, noch bevor die Physiologie uns dieses beweist. Besonders stark wird uns die vermittelnd-übertragende Tätigkeit des Körpers bewußt, wenn wir Wahrnehmungsschwierigkeiten haben oder Schmerzen empfinden. Funktionieren unsere Sinnesorgane dagegen gut, empfinden wir eine gewisse Freude bei ihrem mühelosen Gebrauch. Immer aber nehmen wir im Akt des Sehens unsere Augen wahr, ohne daß wir dazu einen der fünf Sinne gebrauchen müßten: »[...] die beherrschende Grundlage der Wahrnehmung [ist] die Wahrnehmung der verschiedenen körperlichen Organe [...], die ihre Erfahrungen auf dem Wege der Übertragung und der Verstärkung weitergeben.« (PR, 228f./181/119)

Was gemeinhin Sinneswahrnehmung genannt wird und in der philosophischen Tradition bisher besondere Beachtung erfuhr, ist bei Whitehead als vergegenwärtigende Unmittelbarkeit nur einer von zwei Modi der Wahrnehmung. Vergegenwärtigende Unmittelbarkeit zeichnet sich aus durch ihren Bezug auf die gleichzeitig mit dem Subjekt der Wahrnehmung vorhandenen Dinge, ihre Klarheit und Eindeutigkeit und ihre Beschränkung auf die Illustration der extensiven Relationen der Welt: »In dieser ›Weise‹ (mode) wird die gleichzeitige Welt bewußt als ein Kontinuum von extensiven Relationen erfaßt.« (PR, 129/95/61)

Der Schlüssel zum Verständnis der Möglichkeit vergegenwärtigender Unmittelbarkeit ist die sechste kategoriale Verpflichtung, die Kategorie der Umwandlung (transmutation). Sie gibt an, daß, wenn durch ein erfassendes Subjekt ein und dieselbe begriffliche Empfindung von seinen einfachen, körperlichen Empfindungen verschiedener wirklicher Einzelwesen seiner wirklichen Welt abgeleitet wird (gemäß den Kategorien der begrifflichen Wertung und der begrifflichen Umkehrung), das Datum der begrifflichen Empfindung in eine Eigenschaft eines Nexus umgewandelt werden kann, der diese erfaßten wirklichen Einzelwesen als Mitglieder enthält (vgl. PR, 72/40/27). Die Kategorie der Umwandlung beschreibt, wie die Welt in unserer Erfahrung durch Vernachlässigung der Unterschiede und Konzentration auf die Analogien der sie konstituierenden wirklichen Einzelwesen in überschaubare Größen strukturiert und vereinheitlicht wird. Möglich wird dies, wenn die Beschaffenheit verschiedener erfaßter wirklicher Einzelwesen analog ist, d.h. denselben zeitlosen Gegenstand aufweist, so daß aus ihnen nur eine einzige begriffliche Erfassung abgeleitet werden kann.

Die Folge ist, daß dieser eine zeitlose Gegenstand, welcher

das Datum der begrifflichen Erfassung bildet, in seiner Bezüglichkeit gegenüber den erfaßten analogen wirklichen Einzelwesen neutral ist. Da er sie alle gleichermaßen meint, illustriert er sie nicht mehr qua Einzelwesen, sondern qua Nexus, was bedeutet, daß die Welt nicht als Ansammlung von atomischen Individuen, sondern als Gemeinschaft wahrgenommen wird: »Die irrelevante Vielheit von Details wird eliminiert und das Schwergewicht auf die Elemente der wirklichen Welt gelegt, die eine systematische Ordnung aufweisen.« (PR, 464/388/254) Hinsichtlich ihrer Funktion ähnelt die Kategorie der Umwandlung somit den negativen Erfassungen, insofern beide die mannigfaltigen Aspekte der Welt soweit reduzieren, wie es zur vollendeten Entstehung eines durchgängig bestimmten, einheitlichen Subjekts notwendig ist. Während aber die negativen Erfassungen dazu dienen, inkompatible Aspekte auszusondern, wendet sich die Umwandlung gegen eine zu große Detailfülle, die zwar nicht das Zusammenwachsen eines Subjekts überhaupt verhindert, aber die Intensität seiner Gesamterfahrung stark beeinträchtigt und unter Umständen auf das unerläßliche Minimum herabsetzt. Dies bedeutet auch, daß der erreichte Bewußtseinsgrad umso höher ist, je größer die Rolle ist, die die Kategorie der Umwandlung im Entstehungsprozeß eines wirklichen Einzelwesens spielt.

Die Kategorie der Umwandlung begründet somit als wesentliches Moment – neben der Kategorie der begrifflichen Umkehrung – die Unterschiede in der Komplexität eines z. B. zu einem Stein gehörigen und eines ein menschliches Bewußtsein ausmachenden wirklichen Einzelwesens. Es ist zu beachten, daß die Kategorie der Umwandlung nur dann aktualisiert werden kann, wenn die begrifflichen Erfassungen genug Intensität haben, um die körperlichen Erfassungen zu verdecken: »[...] ein wirkliches Einzelwesen, in dem sich diese Vorgänge abspielen, muß über eine Intensität der begrifflichen Empfindungen verfügen, die so bedeutend ist, daß sie hinlangt, die einfachen physischen Empfindungen zu überdecken und zu verschmelzen.« (PR, 463f./388/254)

Die Intensität wiederum hängt von der Häufigkeit analoger Strukturen in der unmittelbaren Umgebung des zusammenwachsenden Subjekts ab, mit anderen Worten: vom Grad der Ordnung, die in der Umgebung herrscht: »Soweit triviale Ordnung besteht, muß es trivialisierte wirkliche Einzelwesen geben. Die richtige Koordination der negativ erfaßten Informationen ist ein Geheimnis des geistigen Fortschritts; aber solange die Umgebung nicht durch irgendein systematisches Schema des Bezogenseins charakterisiert ist, bleibt nichts, wodurch ein lebhaftes Erfassen der Welt begründet werden könnte.« (PR, 464/388f./254) Der menschliche Körper ist daher als eine von hoher Organisationsdichte geprägte relationale Struktur von wirklichen Einzelwesen die notwendige Bedingung der Entstehung von wirklichen Einzelwesen in der Art des menschlichen Bewußtseins: Wo es keinen Körper gibt, kann auch kein Geist, ähnlich dem menschlichen, sein. Unabhängig ist das menschliche Bewußtsein nur insofern, als es, ohne seiner konstitutiven körperlichen Vergangenheit zu gedenken, sich scheinbar unmittelbar auf die gleichzeitige Welt erkennend richtet. Mit anderen Worten: Wenn es im Modus der vergegenwärtigenden Unmittelbarkeit wahrnimmt. Die Erfassungen von vielen wirklichen Einzelwesen der Vergangenheit werden darin in die Erfassung eines gegenwärtigen Nexus umgewandelt (»transmuted«):

»Wir sehen zum Beispiel einen gleichzeitigen Stuhl, aber wir sehen ihn *mit* unseren Augen; und wir berühren den gleichzeitigen Stuhl, aber wir berühren ihn *mit* unseren Händen. Daher objektivieren Farben den Stuhl in einer Weise und die Augen in einer anderen als Elemente in der Erfahrung des Subjekts. Auch objektiviert die Berührung den Stuhl in einer Weise und die Hände in einer anderen als Elemente in der Erfahrung des Subjekts. Aber die Augen und die Hände sind in der Vergangenheit (der fast unmittelbaren Vergangenheit), und der Stuhl ist in der Gegenwart.« (PR, 132/97f./62f.)

Das in der vergegenwärtigenden Unmittelbarkeit gegebene Bild eines Stuhles (»chair-image«) ist durch die von der Umwandlung bedingte Abstraktion von der Vielheit wirklicher Einzelwesen charakterisiert, aus denen die wahrgenommene Welt de facto besteht. Es läßt die gleichzeitigen Dinge unter dem Aspekt passiver Potentialität erscheinen und illustriert so das Prinzip der kausalen Unabhängigkeit der sich im Einklang des Werdens befindlichen wirklichen Einzelwesen. Alles, was im strengsten Wortsinne wirklich ist, ist atomisch, also faktisch geteilt. Die in der vergegenwärtigenden Unmittelbarkeit erscheinende räumliche Ausdehnung ist dagegen in ihrer Kontinuität lediglich teil*bar*: »[...] die gleichzeitige Welt [wird] mit ihrer Potentialität der extensiven Teilung wahrgenommen und nicht in ihrer wirklichen atomistischen Teilung.« (PR, 130/96/62) Die auf diese Weise wahrgenommene Welt ist nicht mehr als ein durch Sinnesdaten mit Grenzen versehenes geometrisches Beziehungsgefüge: »[...] die bloße Ansicht [ist] auf die Veranschaulichung der geometrisch-perspektivischen Beziehung eines bestimmten gleichzeitigen räumlichen Gebiets zu dem Wahrnehmenden beschränkt, wobei die Veranschaulichung durch die Vermittlung des ›Grau‹ bewirkt wird. Der Sinnesgegenstand ›Grau‹ bewahrt dieses Gebiet vor seiner vagen Vermischung mit anderen Gebieten.« (PR, 233/185/121)

Da Wahrnehmung im Modus der vergegenwärtigenden Unmittelbarkeit die Welt der Wirklichkeiten (»actualities«) verschleiert, ist sie in dieser Hinsicht durchaus als Erscheinung (»appearance«) bestimmbar. Sie ist aber als unmittelbar gegebene physische Tatsache nicht bloße Erscheinung, im Sinne einer Täuschung, denn erstens sehen wir natürlich immer genau das, was wir sehen, und zweitens unterstreicht die sinnliche Wahrnehmung über das subjektive Faktum hinaus ja immer einen bestimmten Aspekt der objektiven Welt, nämlich die in ihr vorhandene Ordnung, welche durch die relationale Funktion zeitloser Gegenstände in der prozessualen Anpassung der subjektiven Formen erzeugt wird. So ist die Erscheinung als Datum der sinnlichen Wahrnehmung zwar eine »unglaublich simplifizierte Version der Wirklichkeit« (AI, 380/273), aber doch immerhin *ist* sie eine Version der Wirklichkeit. Das, was wir Irrtum oder Täuschung nennen, betrifft deshalb keinen der beiden reinen Modi der Wahrnehmung für sich gesehen, sondern ist das Resultat einer fehlerhaften Projektion von den im Modus der vergegenwärtigenden Unmittelbarkeit gewonnenen Daten auf die im Modus der kausalen Wirksamkeit erfaßten wirklichen Einzelwesen.

Eine solche Projektion heißt in der Whiteheadschen Terminologie »symbolische Bezugnahme« (symbolic reference)[33] und gilt als gemischter Wahrnehmungsmodus: »Während also die beiden reinen Wahrnehmungsweisen nicht des Irrtums fähig sind, führt der symbolische Bezug diese Möglichkeit ein.« (PR, 314f./255/168)

8. Symbolische Bezugnahme

Die Möglichkeit der symbolischen Bezugnahme verlangt nach einem gemeinsamen Grund (»common ground«) der zwei reinen Wahrnehmungsmodi. Mit anderen Worten, es müssen sich in ihnen Elemente finden lassen, die sich als identisch erweisen (vgl. PR, 314/255/168). Ein erster gemeinsamer Grund zeigt sich zunächst einmal in der durch das zwischen dem Subjekt und den Objekten der Wahrnehmung herrschende Beziehungsgefüge ermöglichten zeitlichen Einordnung der erfaßten wirklichen Einzelwesen in solche, die in der kausalen Vergangenheit, solche, die in der kausalen Zukunft, und solche, die weder in Vergangenheit noch Zukunft eines wahrnehmenden Ereignisses liegen. Letztere bilden gemeinsam den vom Subjekt her bestimmten Bereich der sich als gleichzeitig enthüllenden Welt, in der Terminologie der organismischen Philosophie »vergegenwärtigter Ort« (presented locus) genannt.

Nun ist ein und derselbe vergegenwärtigte Ort in beiden Modi gegeben, unmittelbar und klar abgegrenzt bezüglich seiner regionalen Struktur in der vergegenwärtigenden Unmittelbarkeit und – da die wirklichen Welten gleichzeitiger wirklicher Einzelwesen praktisch identisch sind, so daß dieselben wirklichen Einzelwesen sowohl für das wahrnehmende Ereignis kausal wirksam werden als auch für die übrigen im vergegenwärtigten Ort liegenden Ereignisse (vgl. PR, 315/256/168f.) – mittelbar und vage auch im Modus der kausalen Wirksamkeit: »Der vergegenwärtigte Ort ist eine gemeinsame Grundlage für den symbolischen Bezug, weil er in der vergegenwärtigten Unmittelbarkeit direkt und deutlich, hingegen in der kausalen Wirksamkeit indirekt und undeutlich wahrgenommen wird.« (PR, 317/257/169)

Wenn wir beispielsweise einen Gegenstand ansehen und dabei diese gewisse Spannung in den Augen empfinden, die das Sehen begleitet, so wird darin die Augenregion durch vergegenwärtigende Unmittelbarkeit angezeigt. Das taktile Sinnesdatum Augenspannung sagt jedoch für sich allein genommen nichts über die Tätigkeit der Augen im Prozeß des Sehens aus: »[...] an sich kann sie nicht mehr mit dem projizierten Sehen in Verbindung gebracht werden als ein gleichzeitiger Bauchschmerz oder ein Pochen im Fuß.« (PR, 318/258/170) In der vergegenwärtigenden Unmittelbarkeit sind die verschiedenen Sinnesdaten gleichsam nebeneinander vorhanden, ohne daß eine zeitliche, und das heißt für Whitehead immer kausale, Beziehung zwischen ihnen illustriert würde. Diese kann nur im Modus der kausalen Wirksamkeit erfahren werden, in welchem der Ort der Augentätigkeit vage angezeigt wird. Die symbolische Bezugnahme kann so den Zusammenhang zwischen Augenspannung und ihrer funktionalen Bedeutung aufgrund der regionalen Identität von – im Modus der vergegenwärtigenden Unmittelbarkeit erfahrener – Augenspannung und – im Modus der kausalen Wirksamkeit erfahrener – Augenwirksamkeit herstellen (vgl. PR, 318/258/170).

Eine solche symbolische Bezugnahme ist allerdings auch dann möglich, wenn die angezeigten Regionen nicht übereinstimmen. Der gemeinsame Grund in diesem Fall ist das Eingehen eines oder mehrerer zeitloser Gegenstände in beide Modi: »Die zweite ›Grundlage‹ für den symbolischen Bezug bildet der Zusammenhang zwischen den beiden Weisen, der durch die Identität eines in beide eintretenden zeitlosen Gegenstandes hergestellt wird.« (PR, 318f./259/170) Ein Beispiel hierfür wäre die Analogie zwischen den durch die kausale Wirksamkeit in der Augenregion gegebenen visuellen Sinnesdaten (Farbtöne) und den im Modus der vergegenwärtigenden Unmittelbarkeit gegebenen, welche, sagen wir, die Region eines Stuhlbildes illustrieren. Die Tatsache, daß eine Region derart illustriert ist, kann diverse Ursachen haben. Der Ursprung des vermittelten Sinnesdatums muß nicht unbedingt in der Region liegen, in welcher es im Modus der vergegenwärtigenden Unmittelbarkeit zu sein scheint. Die Farbempfindung könnte auch übermäßigem Alkoholkonsum, geschickten Lichteffekten oder einer Spiegelung zu verdanken sein. Schließen wir in diesem Fall – verleitet durch die Identität der in beiden Modi empfangenen zeitlosen Gegenstände – von unserer Wahrnehmung eines grauen Stuhlbildes auf das tatsächliche Vorhandensein eines solchen Stuhles, so begehen wir einen Referenzfehler: »Was direkt wahrgenommen wird, gewiß und ohne einen Schatten des Zweifels, ist ein graues Gebiet des vergegenwärtigten Orts. Jede weitergehende Interpretation, ob sie instinktiv erfolgt oder auf einem intellektuellen Urteil beruht, muß dem symbolischen Bezug zugeschrieben werden.« (PR, 321f./261/172)

Die Möglichkeit eines solchen Referenzfehlers gründet in der starken regionalen Unbestimmtheit (»localized and yet evading local definition«) außerkörperlicher Einflüsse. Regionen innerhalb des Körpers können relativ leicht kausal bestimmt werden aufgrund des hohen Maßes an Ordnung, welches diesen eigentlich ausmacht und zu einem hervorragenden Ort der wirklichen Welt eines erfassenden Bewußtseins werden läßt. Whitehead spricht von einer Kluft in der Logik der Wahrnehmung (»gap in the perceptive logic«), um den Unterschied zwischen inner- und außerkörperlicher Bestimmtheit zu bezeichnen. Grundsätzlich ist der Unterschied nur graduell, doch hinsichtlich der Gefühlsintensität der involvierten wirklichen Einzelwesen ist er entscheidend: »[…] die Teile organischer Körper [werden] durch eine besondere Lebendigkeit ihrer wechselseitigen Vererbung koordiniert. In gewissem Sinne ist der Unterschied zwischen einem lebenden Organismus und der anorganischen Umgebung nur eine Frage des Grades, aber gerade auf diesen Unterschied kommt es an – und letzten Endes handelt es sich um einen qualitativen Sprung.« (PR, 334/271/179)

Der entscheidende Punkt ist jedoch, daß kausale Wirksamkeit aller Unbestimmtheit zum Trotz direkt erfahren wird und nicht einer Ableitung über das bloße Nacheinander der vergegenwärtigenden Unmittelbarkeit bedarf, wie es die von Hume geprägte sensualistische Doktrin nahelegt. Whitehead erläutert dies am Beispiel eines Mannes, den ein plötzlich in der Dunkelheit aufflammendes grelles Licht blinzeln läßt. Die Erfahrung des Mannes bestehe einerseits aus der im Modus der vergegenwärtigenden Unmittelbarkeit dargebotenen Folge von Lichtblitz, dem Gefühl des Augenschließens und der anschließenden Dunkelheit – ohne daß hierbei die beiden letzteren klar unterschieden würden. Andererseits empfände er aber auch, daß der Lichtblitz mit dem Augenblinzeln in ursächlichem Zusammenhang stehe:

»In der Tat ist es das Empfinden der Kausalität, das ihn befähigt, die Priorität des Blitzes zu unterscheiden; und die Umkehrung der Argumentation, wonach die zeitliche Abfolge vom ›Blitz zum Blinzeln‹ zur Prämisse für den Glauben an die ›Kausalität‹ gemacht wird, beruht auf reiner Theorie. Der Mensch wird seine Erfahrung erklären, indem er sagt: ›Der Blitz brachte mich zum Blinzeln‹; und wenn man seine Behauptung bezweifelt, wird er erwidern, ›Ich weiß es, weil ich es empfunden habe‹.« (PR, 327/265f./175)

Gegen die Humesche Erklärung des Kausalitätsempfindens aus der Gewohnheit wendet Whitehead ein, daß eine Gewohnheit genausowenig wie eine Ursache im Modus der vergegenwärtigenden Unmittelbarkeit empfunden werden kann. Für Whitehead bleibt daher nur eine Möglichkeit, die empfundene Ursächlichkeit zu erklären: »Die Vorstellung der Verursachung kam auf, weil die Menschheit inmitten von Erfahrungen in der Weise der kausalen Wirksamkeit lebt.« (PR, 328/266/175) Die These wird unterstützt durch die Tatsache, daß wir uns oft Einflüssen bewußt sind, ohne klare und eindeutige Sinneserfahrungen zu haben. Gerade wenn letztere eingeschränkt werden oder gar ganz wegfallen, ist das Kausalitätsempfinden besonders stark und verwandelt sich schnell in ein Gefühl des Ausgeliefertseins, so etwa in der völligen Dunkelheit oder Stille:

»Im Dunklen gibt es schemenhafte Erscheinungen, vor denen man sich voller Zweifel fürchtet; in der Stille drängt sich uns die unwiderstehliche kausale Wirksamkeit der Natur auf; in der Dumpfheit des tiefen Summens von Insekten in einer Augustwaldung überwältigt uns der Einfluß von Empfindungen aus der uns umschließenden Natur; im verschwommenen Bewußtsein des Halbschlafs treten die Vergegenwärtigungen der Sinne zurück, und was uns bleibt, ist das vage Empfinden von Einflüssen vager Dinge um uns herum.« (PR, 328f./267/176)

Wenn hingegen, wie es normalerweise der Fall ist, eine Vielfalt von Sinnesdaten visueller und akustischer Art gegeben ist, wird diese Unbestimmtheit kausaler Empfindungen im menschlichen Bewußtsein durch das Eingreifen der symbolischen Bezugnahme kompensiert, indem die klaren sinnlichen Daten für Symbole der kausalen Einflüsse genommen werden. Grundsätzlich ist dieser Vorgang gerechtfertigt, weil beide Wahrnehmungsmodi es im wesentlichen mit denselben Data zu tun haben. Eine solche Übertragung ist nun entweder angemessen, oder sie ist es nicht. Unangemessen ist sie genau dann, wenn sie als Datum eines späteren wirklichen Einzelwesens derselben Entwicklungslinie (vgl. die Diskussion personaler Identität in Kap. IV.6) manchen von dessen anderen Erfassungen in einem der beiden reinen Wahrnehmungsmodi bezüglich eines bestimmten, gemeinsamen Erfahrungselements widerstreitet, anstatt diese synthetisierend zu unterstreichen (vgl. PR, 338/275/181).

Die Angemessenheit der Bezugnahme wird also zunächst einmal rein pragmatisch bewertet, denn auch wenn der Begriff der Wahrheit darin allein nicht aufgeht, liegt doch hinsichtlich der symbolischen Bezugnahme ein wesentlicher Teil seiner Bedeutung in den glücklichen Folgen, die irgendeine bestimmte Bezugnahme nach sich zieht: »Die menschliche Erfahrung geht so oft mit symbolischem Bezug einher, daß es kaum übertrieben ist zu sagen, die eigentliche Bedeutung von Wahrheit sei pragmatisch.« (PR, 338/275/181)

9. Einwände gegen die Kategorie der Umwandlung

Bevor wir uns einem ersten Resümee der bisherigen Darstellung unter besonderer Berücksichtigung der Subjekt/Objekt-Problematik zuwenden werden, sollen an dieser Stelle einige Einwände auf ihre Stichhaltigkeit hin untersucht werden. James W. Felt kritisiert die Kategorie der Umwandlung als Ausdruck eines naiven Realismus.[34] Er begründet seine Ablehnung zunächst mit einem Hinweis darauf, daß zeitlose Gegenstände wie Farben niemals mikroskopische Existenzen charakterisieren könnten, da Farbwahrnehmung räumliche Ausdehnung verlange: »Farben können nur auf die makroskopischen Körper der gewöhnlichen Erfahrung bezogen werden, nicht auf Mikroentitäten.«[35] »Gewöhnliche Erfahrung« meint hier offenbar – mit Whitehead gesprochen – Erfahrung im Modus der vergegenwärtigenden Unmittelbarkeit. Felt bestreitet also, daß Farben im Modus der kausalen Wirksamkeit erfahren werden könnten. Felts eigentlicher Kritikpunkt aber ist, daß, wie er meint, Whitehead diesem vermeintlichen epistemologischen Irrtum noch einen ontologischen hinzufüge, indem er nämlich Sinnesdaten, also, mit Locke gesprochen, sekundäre Qualitäten, im Objekt der Wahrnehmung bestehen ließe, selbst dann, wenn dieses nicht wahrgenommen werde. Zur Illustration greift Felt auf Whiteheads schon erwähnten grauen Elefanten zurück: »Whiteheads Erkenntnistheorie scheint eine Art naiven Realismus zu exemplifizieren. Denn in seiner Theorie geht der zeitlose Gegenstand ›grau‹ zuerst in die begriffliche Empfindung derjenigen Einzelwesen ein, die die Haut des Elefanten ausmachen, und wird erst dann vom Wahrnehmenden wahrgenommen. Das heißt also, das Grau ist schon im Elefanten, *bevor* es wahrgenommen wird, und *dasselbe* Grau zeigt sich auch in der Wahrnehmung.« (Hervorhebungen hinzugefügt.)[36]

Die Kritik Felts krankt daran, daß er sich offenbar nicht in der Lage sieht oder nicht willens ist, die Whiteheadsche Begrifflichkeit anders als auf dem Boden einer sensualistischen Wahrnehmungstheorie zu deuten und so das begrifflich Verschiedene für ein und dasselbe nimmt. Er setzt eben das voraus, was Whitehead ablehnt, nämlich, daß die klare und distinkte Wahrnehmung eines so komplexen Bewußtseins wie des menschlichen als einzig mögliche Wahrnehmungsform überhaupt zu betrachten sei. Felts Annahme trifft durchaus zu, daß nach Whitehead der zeitlose Gegenstand Grau (im Normalfall) zuerst in den Empfindungen der wirklichen Einzelwesen, aus welchen die Haut des Elefanten besteht, enthalten ist, bevor er von einem wahrnehmenden Subjekt außerhalb des Elefantenkörpers, z.B. einem menschlichen Bewußtsein, darin wahrgenommen wird. Daraus folgt aber *nicht*, daß das Grau schon im Elefanten sei, bevor es überhaupt wahrgenommen werde, und daß es dasselbe Grau sei, das sich auch im Modus der vergegenwärtigenden Unmittelbarkeit zeige.

Farben sind als Sinnesdaten (»sensa«) primär Qualifikatoren von subjektiven Formen. Diese wiederum bezeichnen die Art, wie ein Subjekt seine Gegenstände erfaßt, was bedeutet, daß Farben nichts anderes sind als Formen der Wahrnehmung. Es folgt, daß die Aktualisierung eines Farbtones in der Whiteheadschen Theorie immer schon seine Wahrnehmung voraussetzt, mit anderen Worten: Wenn es sinnvoll ist zu sagen, daß das Grau in irgendeiner Weise die wirklichen Einzelwesen der Elefantenhaut für sich selbst genommen charakterisiert, dann nur aufgrund ihrer gegenseitigen Wahrnehmung (im Modus der kausalen Wirksamkeit). Die Frage ist nur, *ob* es sinnvoll ist. Whitehead selbst formuliert das Problem in aller Schärfe: »Die Frage, die jetzt entschieden werden muß, ist, ob die grüne Frühlingswiese, so wie sie uns erscheint, den Vorgängen im Bereich der Wiese – und vor allem im Bereich der einzelnen Grashalme – irgendwie unmittelbar konform ist. Haben wir irgendwelche Gründe für die Annahme, daß die Dinge in diesen Bereichen sich in irgendeinem Sinne wirklich so verhalten, wie wir sie mit unseren Sinnen wahrnehmen?« (AI, 440/322) Daß eine solche Übereinstimmung offenbar keine Naturnotwendigkeit ist, beweisen die vielfachen Täuschungen, denen unsere Sinneswahrnehmung unterliegt. Ist sie aber deswegen grundsätzlich ausgeschlossen?

Im alltäglichen Umgang mit den Dingen nehmen wir die Übereinstimmung zwischen Sinnesdaten und den Gegenständen, die sie bezeichnen, für selbstverständlich. Der Rahmen des Bildes vor mir an der Wand erscheint mir schwarz. Ich erinnere mich, daß er das auch schon gestern tat, und auch bereits, als ich ihn kaufte. Ich gehe davon aus, daß er auch noch morgen schwarz sein wird. Wenn er morgen mit einem Mal rot aussieht, werde ich schließen, daß entweder mit meinen Augen etwas nicht in Ordnung ist oder jemand sich die Freiheit genommen hat, den Rahmen über Nacht nach seiner Fasson zu verschönern. Ich tue dies aufgrund meiner festen Überzeugung, daß einer Veränderung in meiner Wahrnehmung immer eine Veränderung in der physischen Welt korrespondiert, sei es in meinem eigenen Körper oder in seiner Umgebung, und daß deshalb meine Schwarz- oder Rotwahrnehmung in ursächlichem Zusammenhang mit der inneren Beschaffenheit von Dingen steht. Unter physiologischen Gesichtspunkten erscheint das Sinnesdatum Rot in meinem Bewußtsein aufgrund der übertragenden Tätigkeit meiner Nerven- und Gehirnzellen. Dies bedeutet, daß Rotheit in irgendeiner Weise in ihnen gegeben sein muß. Die Krux ist, daß es sich offenbar nicht um dasselbe Rot handeln kann, das auch unsere klare Sinneswahrnehmung bestimmt, mit anderen Worten, daß es sowohl dasselbe als auch nicht dasselbe ist.

Diese Paradoxie muß Whitehead zu erklären versuchen, wenn er seine realistische Wahrnehmungstheorie behaupten will. Er tut dies vornehmlich an zwei, von Felt im übrigen nicht erwähnten, Stellen in *Abenteuer der Ideen*. In der ersten spricht Whitehead von verschiedenen Exemplifikations- oder Illustrationsmodi einer Qualität, die ein unterschiedliches Wahrnehmen derselben bedingen:

»Die Assoziation des Nexus als einheitlichem Ganzen mit der Eigenschaft wird für das erlebende Subjekt im allgemeinen in einem anderen Exemplifikationsmodus erfolgen als in dem, in dem die betreffenden Individuen diese Eigenschaft aufweisen. Die Disziplin eines Regiments inhäriert dem Regiment als Ganzem auf andere Weise als seinen einzelnen Soldaten. Dieser Unterschied im Modus des Sichzeigens kann mehr oder weniger offensichtlich sein, besteht aber auf alle Fälle. Hier finden wir einen weiteren Grund für den Anschein, als ob es ein passives Aufweisen von Eigenschaften durch Substanzen gäbe: Die zusammengesetzte Gruppe weist ihre Eigenschaften passiv auf, weil die ihnen zugrundeliegenden Aktivitäten sich in den einzelnen Wirklichkeiten vollziehen.« (AI, 381/273f.)

Die Frage ist, ob das in der Textstelle angeführte Beispiel wirklich dazu taugt, das sich stellende Problem zu lösen. Die Disziplin eines Regimentes unterscheidet sich von der Disziplin der einzelnen Soldaten, die dem Regiment angehören (Disziplin heißt hier soviel wie die sich darstellende Ordnung).[37] Ohne die Soldaten gäbe es kein Regiment, ohne soldatische Disziplin keine Regimentsdisziplin. Nehmen wir an, daß ein Regiment als ganzes betrachtet (z.B. aus der Luft) eine quadratische Ordnungsform aufweist, so ist diese Form zwar allein dem individuellen Verhalten der Soldaten zu verdanken, aber deren Beitrag zur Ordnung hat für sich betrachtet nichts Quadratisches an sich. Was am einzelnen Soldaten unmittelbar erkennbar ist, ist nur die auf Parallelität gerichtete Orientierung an Vorder- und Hintermann. Diese individuelle Ordnung zeigt sich jedoch in der Gesamtansicht anders. Insofern also die Disziplin oder Ordnung des Regiments nichts ist als die Gesamtheit der Ordnungen seiner Mitglieder, ist die Ordnung ein und dieselbe, insofern sie aber anders erscheint, ist sie nicht dieselbe: Die Modi der Illustration unterscheiden sich. Von daher bewegt sich die Behauptung, derselbe zeitlose Gegenstand könne verschieden wahrgenommen werden (d.h. im erfassenden Subjekt auf verschiedene Art und Weise objektiviert werden), durchaus im Rahmen des Einsehbaren.

Nur sind hierdurch noch nicht alle Probleme aus der Welt, denn Whiteheads Beispiel hat einen Haken: Was die Ordnung eines Regiments im Beispiel für den Betrachter charakterisiert, sind geometrische Relationen, also zeitlose Gegenstände der objektiven Art. Farbtöne allerdings gehören der subjektiven Art an, und es ist nicht ohne weiteres klar, daß die Möglichkeit mehrerer Exemplifikationsmodi auch für diese Sinn macht. Wenn beispielsweise jeder Soldat des Regiments eine feuerrote Fahne schwenken würde, würde ein Beobachter, der sich in einem über das Regiment hinwegfliegenden Hubschrauber befindet, zwar, eine bestimmte Höhe vorausgesetzt, keine Fahnen mehr erkennen, der Farbeindruck aber bliebe qualitativ unverändert.

Offenbar reicht das erste Beispiel Whiteheads nicht weit genug. Sehen wir uns daher eine zweite Passage an, die möglicherweise mehr Aufschluß geben kann:

»Es gibt auch Fälle, in denen sich gewisse Abschattierungen von Stimmungen beobachten lassen, die gleichsam kurz vor der Schwelle stehen, nach deren Überschreiten sie zu Sinnesgegebenheiten würden. Bei Kindern üben sie z. B. faktisch noch die Funktion von Sinnesqualitäten aus; und erst der entwickelte Intellekt des Erwachsenen verbannt sie dann aus dieser Kategorie. Das Kind ist in der Lage, seiner Mutter Stimmungslagen wie liebevolle Fürsorglichkeit, Fröhlichkeit, Niedergeschlagenheit oder Gereiztheit unmittelbar vom Gesicht abzulesen und spontan auf sie zu reagieren. [...] Die direkte Wahrnehmung der Stimmungen muß in diesen Fällen auf gleichem Fuße mit den übrigen Sinnesleistungen stehen. Aber der tierische Organismus funktioniert bei diesem Wahrnehmen von Stimmungen auf andere Weise als bei der Übermittlung der Sinnesgegebenheiten, und deshalb gibt es für den ausgebildeten Intellekt hier einen Unterschied des Typs.

Aber wie dem auch sei, die Fröhlichkeit der Mutter wird vom Kind als etwas Gegebenes gefühlt, und zwar auf eine dem Gegebenen konforme Weise, mit der gleichen affektiven Tönung. Diese Gegebenheit leitet sich aus der Vergangenheit – der unmittelbaren Vergangenheit – her und wird auf die gegenwärtige Region projiziert, wo sich der Nexus von realen Vorgängen befindet, der das komplexe Faktum der leiblichen und seelischen Existenz der Mutter ausmacht. Für das Kind enthält das, was ihm so als Erscheinung geboten wird, die Qualität des Fröhlichseins.« (AI, 432/315f.)

Diese Stelle gibt uns keine direkte Illustration des angeführten Problems an die Hand, doch läßt sich eventuell ein Argument ableiten. Whitehead äußert die Vermutung, daß ein Kleinkind anders als ein erwachsener Mensch Sinneseindrücke empfange, indem diese bei ihm eher emotionale Stimmungen darstellten als farbige Flächen. Wir können Whitehead nun dahingehend verstehen, daß es einen Zeitpunkt oder eine Zeitspanne gebe, wo ein Kleinkind die Freude der Mutter sowohl im Modus der kausalen Wirksamkeit als auch im Modus der vergegenwärtigenden Unmittelbarkeit als Freude wahrnehme, und erst im Lauf seiner Entwicklung verwandele sich die unmittelbare Wahrnehmung der Freude allmählich in die Wahrnehmung von Sinnesdaten, welche das Merkmal des ausgereiften Intellekts sind. Wenn dies wirklich der Fall ist, worauf die Untersuchungen der Entwicklungspsychologie hindeuten, bedeutet das, daß in der Tat eine gewisse Identitätsrelation zwischen bestimmten »reinen« Sinnesdaten (z. B. der Farbe Rot) und bestimmten Stimmungen, rötlichen Gefühlen gewissermaßen, besteht. Die Wahrnehmung eines reinen Sinnesdatums wäre dann nur die Wahrnehmung dieser Stimmung unter bestimmten Bedingungen der Komplexität.

Diese Bedingungen treten innerhalb einer Kette von wirklichen Einzelwesen, welche die personale Geschichte eines Menschen darstellen, erst in einem relativ späten Entwicklungsstadium auf. Gleiches gilt für den Entstehungsprozeß eines wirklichen Einzelwesens: Die objektiven Daten anfänglicher Erfassungen sind emotionale Stimmungen und werden als solche objektiviert, bevor die Kategorie der Umwandlung wirksam wird und eine Änderung im Darstellungsmodus bedingt.

Kommen wir nun auf Felts Kritik zurück, um den Bogen zu schließen. Die oben durchgeführte Analyse des Problems führt zu dem Schluß, daß sich nach Whitehead zwar das Grau, welches in der Wahrnehmung des Beobachters erscheint, auch im Elefanten bzw. in den Empfindungen der wirklichen Einzelwesen, die seine Haut bilden, befinden kann, aber daß es sich dabei um einen anderen Typus desselben Graus handelt. Diese Differenzierung einer Qualität in zwei Typen harmoniert mit der in der Definition eines zeitlosen Gegenstandes der subjektiven Art diesem zugewiesenen, doppelten Funktion als Element in der Bestimmtheit von Erfassungsdatum und subjektiver Form. Diese Zwei-Wege-Funktion (»two-way functioning«) erlaubt es Whitehead, Realist zu sein, und bewahrt ihn gleichzeitig vor dem Vorwurf der Naivität. Felt rührt daher zwar, wie wir gesehen haben, mit seiner Kritik an einem Problem, doch schafft er es entgegen seiner Intention nicht, Whiteheads Ansatz als nicht haltbar zu erweisen.

10. Erste Bilanz

Wir nahmen an, daß der Whiteheadschen Philosophie der Versuch wesentlich sei, die Kluft zwischen bestimmten Gegensätzen, die die philosophische Tradition aufgeworfen hatte, zu überbrücken und gleichzeitig die Unterschiede zwischen ihnen zu bewahren. In diesem Kapitel wurden einige wesentliche Grundbegriffe Whiteheads erstmals vorgestellt und im Hinblick auf diejenigen Aspekte näher ausgeführt, welche besonders relevant für die Problematik der Gegensätze von Subjekt und Objekt einerseits sowie Geist und Körper andererseits erschienen. Es wurde gezeigt, daß sich die Ablehnung der einfachen Lokalisierung und die damit verbundene Annahme von inneren Relationen nicht notwendig selbst ad absurdum führt, wie Russell meinte, und daß deshalb das Objekt konstitutiv in das Subjekt eingehen kann, ohne seinen Status als Objekt zu verlieren, wenn, wie bei Whitehead, die konstitutive Relation nicht als reziprok gedacht wird. Die Beziehung zwischen Subjekt und Objekt gleicht einer Einbahnstraße, indem jedes Subjekt, das konstitutiv auf bestimmte wirkliche Einzelwesen als Objekte bezogen ist, wiederum als Objekt in andere, von diesen verschiedene wirkliche Einzelwesen eingeht.

Es wurde ferner gezeigt, wie Whiteheads Weigerung, das subjektivistische Prinzip zu akzeptieren, im Wahrnehmungsmodus der kausalen Wirksamkeit begründet werden kann und wie die gänzliche Fremdheit des Objekts als des Anderen des Subjekts in der Lehre von der Angleichung der subjektiven Formen überwunden wird. Die Annahme dieses zweiten Wahrnehmungsmodus neben dem der vergegenwärtigenden Unmittelbarkeit und die Übereinstimmung der Modi hinsichtlich der in ihnen exemplifizierten zeitlosen Gegenstände sowie die Erklärung dieser Übereinstimmung aus der emotionalen Signifikanz von Sinnesdaten zeigen eine wesentliche Kontinuität zwischen Körper und Bewußtsein. Indem nämlich der qualitative Sprung zwischen sinnenloser Körperfunktion und bewußter Wahrnehmung von

Sinnesdaten aufgelöst wird, entfällt ein wesentlicher Grund für die Cartesische Gabelung der Natur (»bifurcation of nature«). Dennoch bewahrt die Konzeption der wirklichen Einzelwesen die gewohnte Unterscheidung zwischen Körper und Geist, da jedes wirkliche Einzelwesen grundsätzlich bipolar angelegt ist, d. h. immer sowohl körperliche als auch begriffliche Erfassungen hat.

Whitehead spricht auch von einem geistigen und einem körperlichen Pol (»mental pole« und »physical pole«), jedoch ist die räumliche Metapher etwas irreführend. Die beiden Pole unterscheiden sich hauptsächlich dadurch, daß der körperliche der Abhängigkeit eines wirklichen Einzelwesens von seiner wirklichen Welt Rechnung trägt, während der geistige eher die Eigenständigkeit des Subjekts unterstreicht. Auch ist die Trennung nicht absolut, vielmehr weist die selektive Funktion negativer Erfassungen auf eine quasi geistige Seite des körperlichen Pols hin und die Kategorie der begrifflichen Wertung auf einen körperlichen Aspekt des begrifflichen Pols.

Dies ist eine direkte Verneinung des Cartesischen Diktums, daß der Körper nichts enthalte, was dem Geist zugerechnet werden könnte, und der Geist nichts beinhalte, was zum Körper gehörig wäre. Zu beachten ist unbedingt, daß die Tätigkeit des geistigen Pols in den allerwenigsten Fällen von Bewußtsein im gewöhnlichen Sinne begleitet ist. Geistig und körperlich werden hier zunächst einmal nur zwei Aspekte der Wirklichkeit genannt, die man auch den erneuernden und erhaltenden Aspekt nennen könnte. Je höher ein betreffendes wirkliches Einzelwesen entwickelt ist, desto ausgeprägter ist der erneuernde Aspekt. Bewußtsein erwächst aus einer starken Dominanz des erneuernden Aspekts oder geistigen Pols.

IV. Sein und Werden

1. Der prozessuale Charakter der Wirklichkeit

»Gibt es ein System, eine Ordnung, eine Ökonomie der Dinge, durch welche die Materie die ständige Bewegung, die ihr wesentlich zu sein scheint, bewahren und zugleich eine Konstanz in den Formen, die sie hervorbringt, aufrechterhalten kann?« fragte David Hume einmal und zögerte nicht mit der Antwort: »Sicherlich gibt es eine solche Ökonomie, denn dies ist tatsächlich der Fall mit der gegenwärtigen Welt.«[38] Whiteheads Hauptwerk heißt *Prozeß und Realität*. Der Titel verweist auf das 1893 erschienene Werk des Neuhegelianers F.H. Bradley *Appearance and Reality* (dt.: *Erscheinung und Wirklichkeit*, 1928) und bezeichnet auch die grundsätzliche Differenz, die zwischen den Systemen beider Denker besteht. Während Bradley die Realität als das Eine und Unvergängliche hinter den bewegten Erscheinungen zu erfassen sucht und so Erscheinung von Realität trennt, betont Whitehead gerade den prozessualen Charakter der Wirklichkeit: »So ist die Natur eine Struktur von Evolutionsprozessen. Die Realität ist der Prozeß.« (SMW, 90/72) Die erste der 27 Kategorien der Erklärung bei Whitehead lautet dann auch: »Daß die wirkliche Welt ein Prozeß und daß der Prozeß das Werden von wirklichen Einzelwesen ist. Daher sind wirkliche Einzelwesen Geschöpfe; sie werden auch als ›wirkliche Ereignisse‹ bezeichnet.« (PR, 64/33/22)

Der Prozeß ist das Werden von wirklichen Einzelwesen. Dieses Werden wurde bereits bestimmt (Kap. III.2) als das Zusammenwachsen der vielen wirklichen Einzelwesen, die eine Welt ausmachen, zu einem neuen wirklichen Einzelwesen. Dieses aber ist, sobald es geworden ist, wieder eines unter vielen anderen, die zu neuen Einheiten zusammenschmelzen. So entwickelt sich die Welt von der Vielheit zur Einheit, von der Einheit zur Vielheit, und so fort. »Das Eins also,« heißt es bei Platon, »wie es scheint, da es das Sein erfaßt und fahren läßt, wird auch und vergeht [...] Da es nun eins ist und vieles und werdend und vergehend, wird nicht, wenn es eins wird, das Viel-Sein vergehen, wenn es aber vieles wird, das Eins-Sein vergehen?«[39] Das Prinzip dieser pulsierenden Bewegung, das die Welt unaufhörlich vorantreibt, nennt Whitehead Kreativität (»creativity«).

Als ureigentliche Schöpfungskraft bezeichnet dieser Begriff in Whiteheads prozessualer Philosophie das Prinzip der Wirklichkeit überhaupt, das allem Sein, allem Werden zugrunde liegt. Darum ist Kreativität auch kein Seiendes im eigentlichen Sinne: Wirklich ist sie nur durch ihre Akzidenzien, die wirklichen Einzelwesen. Infolgedessen fällt sie auch nicht unter die Kategorien der Existenz in *Prozeß und Realität:* Zusammen mit den Begriffen des Einen und des Vielen konstituiert sie eine eigene Kategorie, die sogenannte Kategorie des Elementaren (»the Category of the Ultimate«):

»›Kreativität‹ ist die Universalie der Universalien, die den elementaren Sachverhalt charakterisiert. Aufgrund dieses elementaren Prinzips werden die vielen, die das Universum als trennendes verkörpern (which is the universe disjunctively), zu dem *einen* wirklichen Ereignis, in dem sich das Universum als verbindendes darstellt (which is the universe conjunctively). Es liegt in der Natur der

Dinge, daß sich die vielen zu einer komplexen Einheit verbinden.« (PR, 62/31/21)

Bezüglich des Erklärungswertes dieser Kategorie gehen die Meinungen der Whiteheadinterpreten und -kritiker allerdings weit auseinander. So vertritt etwa Edward Pols die Ansicht, daß die Kategorie allein deskriptiven Wert habe und das Wort Kreativität lediglich die Tatsache ausdrücke, daß irgendein unbestimmtes Geschöpf zu jeder Zeit entstehen müsse und das Universum niemals vollständig sei.[40] Ähnlich urteilt auch Cobb, wenn er schreibt, daß die Kreativität weder erkläre, *was* wirkliche Einzelwesen seien noch *daß* sie seien.[41] Doch gibt es auch gegenteilige Auffassungen. André Cloots zum Beispiel meint, daß die Kreativität nicht nur Seinsgrund, sondern auch Erkenntnisgrund des Wirklichen sein könne. Für ihn ist sie die letzte Erklärung (»ultieme verklaring«), weil die Wirklichkeit sich letztendlich aus sich selbst erklären müsse.[42] In diesem Sinne äußern sich auch William J. Garland, Robert C. Neville, Donald W. Sherburne und Ivor Leclerc.[43]

Der Streit ist nicht leicht zu entscheiden, denn es scheint fast, als hätten die Auffassungen beider Gruppen jede für sich eine gewisse Berechtigung. Fatalerweise zeichnen sich letzte Prinzipien ja gerade dadurch aus, daß mit ihnen alle Erklärungsmöglichkeiten an eine Grenze stoßen, an welcher das stets weiterfragende und ewig fordernde Warum sich gleichsam im Kreise zu drehen beginnt und den Fragenden schwindeln macht. Vor ihm öffnet sich dann gähnend der Heideggersche Abgrund, wenn das Warum im abweisenden Darum sowenig Befriedigung findet, daß auch die letzte, grenzensetzende Erklärung nichts mehr erklären kann. Es sieht so aus, als könne nichts, was selbst ohne Begründung bleibt, noch irgendetwas anderes begründen, vielmehr scheint es allen ersten Prinzipien zu ergehen wie jener Schildkröte, auf welcher mancher schon die Erde ruhen glaubte: Sie neigen dazu, mitsamt dem, was sie zu tragen versprechen, in die Tiefe zu stürzen. Whiteheads Kategorie des Letzten erklärt nichts, weil sie ein letztes Prinzip der Erklärung ist, und sie erklärt alles, weil sie Werden und Vergehen von wirklichen Einzelwesen im allgemeinsten Charakter der Wirklichkeit, in der »Natur der Dinge«, gründen läßt.

Kehren wir nun zurück zum Ausgangspunkt unserer Betrachtung. Es wurde gesagt, daß die wirkliche Welt ein Prozeß und dieser Prozeß das Werden von wirklichen Einzelwesen sei. Dies impliziert zweierlei: Einerseits kann es, da die Welt wesentlich Prozeß ist, kein Aussetzen des Prozesses, keinen Stillstand geben. Der Prozeß hat niemals begonnen und wird niemals enden. Als pausenloses Werden ist er darum unbedingt kontinuierlich. Doch andererseits ist jedes Werden immer Werden von etwas, und das, was wird, sind die wirklichen Einzelwesen. Um aber etwas zu sein, muß es eine bestimmte Form aufweisen, muß sich irgendwie von allem anderen trennen können und sich gleichsam aus dem Prozeß herauslösen. Als Werden von etwas ist der Prozeß daher diskontinuierlich. Dieses offenbare Paradox ist das Echo des alten Widerstreits von Sein und Werden, in dem beide sich gegenseitig auszuschließen scheinen. Aber was zuerst paradox klingt, muß darum nicht falsch sein. Die Frage ist, ob der Prozeß nicht in bestimmter Hinsicht kontinuierlich und in anderer Hinsicht diskontinuierlich sein kann. Whiteheads Antwort ist die Theorie der epochalen Zeit, die im nächsten Abschnitt vorgestellt werden wird.

2. Die Theorie der epochalen Zeit

»Einige Dinge [...] sind dem Vermögen nach früher, einige der Vollendung nach; so ist etwa die halbe Linie dem Vermögen nach früher als die ganze, der Teil früher als das Ganze und der Stoff früher als das Wesen – jedoch der Vollendung nach später; denn erst nach der Auflösung des Ganzen werden sie der Vollendung nach sein.« (Aristoteles)[44]

Der Weltprozeß verläuft im Werden und Vergehen von wirklichen Einzelwesen, wobei Werden und Vergehen zwei verschiedene Aspekte des Prozesses enthüllen. Das Werden beschreibt den Prozeß des Zusammenwachsens eines wirklichen Einzelwesens aus den vielen für es daseienden Wirklichkeiten, das Vergehen den Übergang (»transition«) von einem wirklichen Einzelwesen zu einem anderen. Man könnte auch sagen, daß ein Teil des Prozesses immanent, ein anderer transzendent verläuft. Wirkliche Einzelwesen sind nicht das Resultat ihres Werdens, vielmehr sind sie in ihrem Werden immer schon ganz enthalten: Sie sind nur, solange sie werden, und wenn sie geworden sind, hören sie auf, für sich selbst zu sein und gehen als Element in das Werden eines neuen wirklichen Einzelwesens über. Wie Whitehead sagen würde: Sie verlieren ihre subjektive Unmittelbarkeit (»subjective immediacy«) und tauschen sie gegen objektive Unsterblichkeit (»objective immortality«) ein.

Da aber nun ein wirkliches Einzelwesen eine echte Einheit sein soll, ein Atom, das eben nicht auf kleinere Einheiten zu reduzieren ist, kann der Prozeß des Zusammenwachsens nicht in ein Früher und ein Später unterteilt werden in dem Sinne, daß in ihm erst eines da sein muß, bevor ein anderes geschehen kann. Die Lebensspanne eines wirklichen Einzelwesens währt nur einen Augenblick und ist ganz Gegenwart, doch nicht als ausdehnungsloser Punkt im Geisterreich zwischen Vergangenheit und Zukunft, sondern als, mit William James zu sprechen, Zeit-Tropfen, innerhalb dessen die Möglichkeiten der Welt in Gewißheiten verwandelt werden und die Zukunft in Vergangenheit. Diese Tropfenhaftigkeit der Gegenwart eignet nicht zuletzt ja auch unserer konkreten Bewußtseinserfahrung, in welcher das Jetzt niemals ausdehnungslos gegeben ist: Die unmittelbare Vergangenheit ist im Bewußtsein immer noch gegenwärtig. Wenn ich etwa den Arm plötzlich hebe, so erlebe ich unmittelbar die Bewegung selbst und nehme nicht etwa eine definitive, starre Position meines Armes wahr, gekoppelt mit einer Erinnerung daran, daß der Arm eben noch ganz woanders gewesen zu sein schien. Und, wenn man von der Bewegung absieht, kann man so etwas Einfaches wie eine Farbe während eines ausdehnungslosen Augenblicks wahrnehmen? Whitehead bestreitet dies: »Es ist der Gegenwart wesentlich, eine Zeitstrecke einzunehmen; die Unterscheidung zwischen Erinnerung und unmittelbarer Vergegenwärtigung kann nicht gänzlich grundlegend sein.« (AE, 127)

Der Begriff der Zeit läßt sich nur auf makroskopische Prozesse anwenden, welche nichts sind als die dynamischen, asymmetrischen Beziehungen zwischen kausal verbundenen wirklichen Einzelwesen. Erst das Werden und Vergehen von wirklichen Einzelwesen konstituiert Zeit, so daß ihr Werden selbst nicht in der Zeit geschehen kann: »Es gibt zwar ein Werden der Kontinuität, aber keine Kontinuität des Werdens. Die wirklichen Ereignisse sind die werdenden Geschöpfe, und sie begründen eine kontinuierlich ausgedehnte Welt. Anders gesagt, Ausgedehntheit wird, aber ›Werden‹ ist selbst nicht ausgedehnt. Daher liegt die elementare metaphysische Wahrheit im Atomismus.« (PR, 87/53/35) Die Vorstellung eines unzeitlichen Werdens, wie es Whitehead darzustellen versucht, widerspricht natürlich in krasser Weise unseren normalen Denkgewohnheiten, und vielleicht wird so mancher vermuten, es hier mit nicht mehr als einem Spiel mit Worten zu tun zu haben, hinter denen sich tatsächlich nur eine begriffliche Leere verbirgt. Um dies zu entscheiden, wäre zu überlegen, in welcher Hinsicht die Vorstellung eines unzeitlichen Werdens vielleicht dazu beitragen könnte, das Phänomen der Zeit, dem wir uns existentiell ausgesetzt finden, besser zu begreifen, als es ohne diese Vorstellung möglich wäre.

Berüchtigt sind die Paradoxa des Zenon von Elea, welche dazu angelegt waren, die Lehre des Parmenides, daß alles Werden und alle Bewegung nur scheinhaft seien, zu beweisen. Daß die Argumente, die Zeno ersann, nicht ganz so unsinnig sein können, wie es die Schlußfolgerungen, die er offenbar aus ihnen zog, vermuten lassen, zeigt vielleicht die Geschichte ihrer Rezeption, denn anstatt als Kuriosum belächelt oder einfach vergessen zu werden, wurde Zeno so oft widerlegt wie kaum ein anderer Philosoph, und, wie Whitehead in bezug auf Zeno bemerkt, ist es »die Spitze des Triumphes«, »in jedem Jahrhundert, nachdem man geschrieben hat, widerlegt zu werden« (ESP, 87). Wahrscheinlich wegen ihrer Anschaulichkeit besonders populär sind zwei Beweise, von denen der eine den fiktiven Wettlauf zwischen Achill und einer Schildkröte zur Grundlage nimmt, während der andere den Flug eines Pfeils analysiert. In der Aristotelischen *Physik* lesen diese Argumente sich folgendermaßen:

»Der zweite Beweis ist der sogenannte ›Achilles‹. Er gipfelt darin, daß das langsamste Wesen in seinem Lauf niemals von dem schnellsten (Achilles) eingeholt wird. Denn der Verfolger muß immer erst zu dem Punkt gelangen, von dem das fliehende Wesen (die Schildkröte) schon aufgebrochen ist, so daß das langsamere immer einen gewissen Vorsprung haben muß. […] Der dritte [Beweis] ist der jetzt genannte, daß der fliegende Pfeil ruht. Er beruht aber auf der Annahme, daß die Zeit aus lauter einzelnen (getrennten) Momenten besteht. Denn wenn man diese Annahme nicht zugibt, verliert der Schluß des Zenon seine Bündigkeit.«[45]

Der Kern des Achillesarguments ist die Annahme der unendlichen Teilbarkeit der Zeit. Wenn Achill und die Schildkröte das Rennen an verschiedenen Punkten A und B einer Strecke beginnen, die Schildkröte dabei in B einen Vorsprung hat, wird die Schildkröte, sobald Achill Punkt B erreicht hat, eine geringe Strecke nach Punkt C zurückgelegt haben. Hat Achill Punkt C erreicht, ist die Schildkröte bereits in D usw. Achill wird die Schildkröte also niemals erreichen können, obwohl er ihr immer näher kommt. Whitehead hält dieses Argument für nicht gültig: »Einfache Arithmetik belehrt uns darüber, daß die soeben bezeichnete Reihe im Ablauf einer Sekunde ausgeschöpft wird.« (PR, 143/107/69) Anders beurteilt er dagegen das Pfeilargument, das etwa so formuliert werden könnte: Da eine jede Bewegung einen Zeitverlauf voraussetzt, kann es in einem einzigen Augenblick keine Bewegung geben. Wenn der Pfeil aber in jedem Moment seines Fluges in Ruhe ist, so kann er sich überhaupt nicht bewegen.

Der für Whitehead relevante Unterschied zwischen beiden Argumenten besteht darin, daß im *Achill* der Übergang von einem Moment zum nächsten nicht problematisiert wird, indem abgeschlossene Akte des Werdens (von Punkt A zu Punkt B) vorausgesetzt werden, während im *Pfeilflug* dieser Übergang selbst als unmöglich erscheint. Mit anderen Worten, das Pfeilargument impliziert, daß Achill sich überhaupt erst gar nicht von der Stelle bewegen kann, sondern auf ewig an seinen Ausgangspunkt gefesselt bleibt. Wenn jede Veränderung, jedes Werden, immer weiter in frühere und spätere Akte des Werdens geteilt werden kann, wobei letztere erstere voraussetzen, so wird man niemals den Beginn einer gegebenen Sekunde, in welcher etwas wird, hinsichtlich dessen, was in ihr geworden ist, bestimmen können, weil wir zwischen allem, was wir als Beginn nennen könnten, und der vorherigen Sekunde immer noch ein anderes gleichsam zwischenschieben könnten: »Das Argument bringt, soweit es gültig ist, einen Widerspruch aus den folgenden zwei Prämissen zum Vorschein: (I) daß in einem Werden etwas *(res vera)* wird, und (II) daß jeder Akt des Werdens in frühere und spätere Abschnitte teilbar ist, die selbst Akte des Werdens sind.« (PR, 142/106/68)

Damit Werden als Werden *von etwas* gedacht werden kann, muß jeder Akt des Werdens einen unmittelbaren Nachfolger haben, d.h. das Werden selbst kann nicht kontinuierlich verlaufen, sondern muß sich in Sprüngen vollziehen: »Die Schlußfolgerung lautet, daß es in jedem Akt des Werdens das Werden von etwas mit zeitlicher Ausdehnung geben muß, daß aber der Akt selbst nicht in dem Sinne extensiv ist, in frühere und spätere Akte des Werdens teilbar zu sein, die der extensiven Teilbarkeit des Gewordenen entsprechen.« (PR, 143/107/69) Da Zeit de facto nicht unendlich teilbar ist, ist es Achill möglich, die Schildkröte zu überholen (zu überspringen eigentlich), und da es somit auch keine zeitlosen Augenblicke gibt, ist der Pfeil in jedem Moment seines Fluges in Bewegung. Gäbe es zeitlose Augenblicke, so könnte nicht verständlich gemacht werden, wie überhaupt so etwas wie zeitliche Dauer entstehen könne, denn selbst eine unendliche Folge von ausdehnungslosen Gegenwarten ergäbe keine ausgedehnte Zeit. Es ist daher sinnvoll anzunehmen, daß die Zeit eher aus Zeitquanten besteht. Schon William James hatte diese Ansicht vertreten: »Wenn jede Veränderung sozusagen tropfenweise geschähe, wenn die wirkliche Zeit sprösse oder in Einheiten von festgelegter Dauer wüchse, genau wie unsere Wahrnehmungen in Stößen wachsen, gäbe es keine Zenonschen Paradoxa oder Kantische Antinomien, mit denen wir uns herumschlagen müßten. [...] Die Zeit selbst kommt in Tropfen.« [46]

Da aber allein die Folge dieser Zeitquanten die Zeit konstituiert, muß Zeitlichkeit ihnen wesentlich eignen. Sie können daher nicht als andauernde, mit sich selbst identische Tatsachen bestehen, sondern müssen in sich dynamisch orientiert sein, ohne ihre wesentliche Einheit zu verlieren. Daß der innere Prozeß des Werdens eines wirklichen Einzelwesens in frühere und spätere Momente eingeteilt werden kann und gleichwohl nicht in der Zeit ist, läßt sich deshalb sagen, weil Zeit eine Beziehung zwischen *Wirklichkeiten*, zwischen Seiendem, betrifft. Die Elemente, welche sich im Werden eines wirklichen Einzelwesens sukzessiv zusammenfügen, sind nicht wirklich im eigentlichen Sinne, denn sie bleiben funktional unbestimmt und in ihrer integrativen Potentialität erhalten, bis sie völlig in die Einheit der entstehenden Wirklichkeit integriert sind. Erst dann, wenn die Einheit erreicht und das Werden beendet ist, ist etwas da, was in eine zeitliche Folge eingeordnet werden könnte. Was vorher geschieht, ist für andere wirkliche Einzelwesen buchstäblich nicht existent. Gleichzeitig mit dem Hervortreten einer neuen Wirklichkeit aus der Potentialität des Mannigfaltigen wird der Abstand zwischen ihr und dem unmittelbar vorausgegangenen Moment real: So ist zwar das Werden nicht in der Zeit, wohl aber das Gewordensein. Es ähnelt in dieser Hinsicht Schrödingers Katze, die erst in dem Moment tot ist, wenn wir in die Kiste schauen, in der sie sich befindet, ohne daß deshalb unser Schauen die Ursache ihres Todes wäre.

Die Einheit der verschiedenen Elemente eines Werdens ist durch das subjektive Ziel gewährleistet, welches jedes Element immer schon auf die zu schaffende Wirklichkeit hin bezieht. In diesem Sinne, und in diesem Sinne allein, ist das Ganze wirklich im Werden seiner Teile. Whitehead spricht hier auch von einer »Zelltheorie der Wirklichkeit«: »Die organismische Philosophie ist eine Zell-Theorie der Wirklichkeit. Jede elementare Tatsacheneinheit ist ein Zellkomplex, der nicht in Bestandteile mit entsprechend vollständiger Wirklichkeit analysiert werden kann.« (PR, 401/334/219) Die Theorie der epochalen Zeit ist allein schon deshalb eine ernstzunehmende Alternative, weil sie erlaubt, die Welt als wesentlich prozessual zu begreifen und gleichzeitig im ewigen Prozeß ein durchgängig bestimmtes, d.h. mit sich selbst identisches Seiendes als werdend anzunehmen. Insofern wäre sie ein wesentliches Moment in der Überwindung der gegenseitigen Ausschließlichkeit von Sein und Werden. In der Theorie der epochalen Zeit hätten sowohl Sein als auch Werden Platz in der einen Wirklichkeit, wenn die Theorie letztlich aufrechtzuerhalten ist.

Ob sie es ist, hängt auch davon ab, inwiefern einem gewordenen wirklichen Einzelwesen Sein zugesprochen werden kann, denn: Sobald ein wirkliches Einzelwesen zu dem geworden ist, was es sein sollte, sobald es in der Erfüllung (»satisfaction«) seines Prozesses ganz eins ist, hat es auch schon aufgehört, für sich selbst zu sein. Überspitzt gesagt: Sobald es im eigentlichen Sinne *ist* (d.h. aus seinem Werden herausgetreten ist), *ist* es schon nicht mehr, während es aber *wird*, *ist* es noch nicht. Wann aber ist es dann?

3. Erfüllung und Vergehen

Das Prozeßprinzip erfordert gemeinsam mit dem ontologischen Prinzip, daß die Lehre vom Werden durch eine Lehre des Vergehens (»perishing«) ausgeglichen wird, denn nichts kann entstehen, wenn ihm nicht etwas anderes, schon Gewordenes, zugrunde liegt. Solange etwas wird, ist es unbestimmt und kann nicht erfaßt werden. Deshalb kann nichts Neues in die Welt kommen, ehe das Alte nicht aufgehört hat zu werden und vergangen ist.[47] Als Vergangenes ist es dann für andere gegenwärtig: »Wenn ein Vorgang vergeht, schlägt seine Unmittelbarkeit des Seins in das Nichtsein der Unmittelbarkeit um. Aber das bedeutet natürlich nicht, daß er nun schlechthin Nichts wäre; er ist und bleibt ein ›stubborn fact‹, ein unumstößliches Faktum. Pereunt et imputantur. [...] Das Nichtsein der Vorgänge ist ihre objektive Unsterblichkeit.« (AI, 420f.[48]/305) Es liegt demnach in der Natur eines wirklichen Einzelwesens, auf zweifache Weise zu sein, zuerst in der »Unmittelbarkeit des Seins«, dann im »Nichtsein der Unmittelbarkeit«. Ersteres heißt auch seine »formale«, letzteres seine »objektive« Existenz (formal bzw. objective existence).

Formal betrachtet ist ein wirkliches Einzelwesen der Prozeß seines Werdens, objektiv betrachtet das Ergebnis des Prozesses, welches sich in der Erfüllung (»satisfaction«) zeigt. Die Erfüllung ist das letzte, abschließende Stadium des Prozesses und verkörpert das, was das wirkliche Einzelwesen jenseits seiner selbst (»beyond itself«) (PR, 402/335/219) ist. Das Wort Erfüllung ist insofern irreführend, als es den Eindruck erweckt, es beschreibe einen Zustand von wirklichen Einzelwesen, welchen diese selbst empfinden. Die Erfüllung eines wirklichen Einzelwesens ist jedoch nicht für dieses selbst da, sondern nur für andere. Die Erfüllung *ist* das wirkliche Einzelwesen als Datum betrachtet und meint daher soviel wie Vollendung oder Fertigwerden. Dies wird besonders deutlich in Whiteheads ausdrücklichem Hinweis, daß kein wirkliches Einzelwesen »sich seiner eigenen Erfüllung bewußt sein« könne (PR, 169/130/85), was nicht etwa zufällig so ist, sondern in der Natur der Sache liegt, denn würde die Erfüllung als Erfüllung empfunden, wäre sie eben dadurch ein Element im integrierenden Prozeß und würde als solches das Ergebnis des Prozesses beeinflussen. Die Erfüllung ist aber das Ergebnis selbst.

Wenn dies so ist, dann folgt daraus, daß ein wirkliches Einzelwesen auch nicht sich selbst als eines und durchgängig bestimmtes empfinden kann. Es hat kein Bewußtsein von dem, was es ist; was es allenfalls hat, ist Bewußtsein von dem, was sich ihm darbietet als anfängliches Datum seiner Erfassungen, und dem, was es sein soll (in Gestalt des subjektiven Ziels). Mit anderen Worten, es hat eine Referenz zur Vergangenheit und zur Zukunft in sich, aber nicht zur Gegenwart. Kann ein wirkliches Einzelwesen aber sein Datum als *eines* erfahren ohne sich seiner selbst bewußt zu sein?

Vergleichbar mit Whiteheads Prozeß des Zusammenwachsens ist Kants Synthesis der Apprehension, welche von Kant folgendermaßen definiert wird: »[...] unter der Synthesis der Apprehension [verstehe ich] die Zusammensetzung des Mannigfaltigen in einer empirischen Anschauung [...], dadurch Wahrnehmung, d.i. empirisches Bewußtsein derselben (als Erscheinung), möglich wird.«[49] Die Formulierung Kants läßt erkennen, daß er die Synthesis *vor* dem Bewußtsein dessen, was synthetisiert wird, ansetzt, mit anderen Worten: Die Synthesis muß abgeschlossen sein, bevor etwas

Bestimmtes erfahren werden kann. Übertragen auf den Prozeß des Zusammenwachsens bedeutet dies, daß auch das Objekt qua Objekt für das Subjekt erst erfahrbar werden kann, wenn der Prozeß abgeschlossen ist. Im Laufe des Prozesses wird also nicht nur das Subjekt eindeutig bestimmt, sondern auch sein Objekt. Sobald aus den vielen wirklichen Einzelwesen der Vergangenheit das eine Objekt geworden ist, ist mit ihm und in ihm auch das eine Subjekt gegeben. In der unmittelbaren Erfahrung fallen beide in eins zusammen. Wie William James sagt: »[…] in der Erfahrung selbst liegt kein Dualismus zwischen dem Darstellenden und dem Dargestellten. In seiner reinen Form, oder wenn es isoliert ist, gibt es keine Spaltung der Erfahrung in Bewußtsein und das, wovon es Bewußtsein ist.«[50]

Die durchgängige Bestimmtheit von Subjekt *und* Objekt wird bei Whitehead in der Erfüllung eines wirklichen Einzelwesens erreicht. Da diese aber laut Whitehead nicht für es selbst da ist, müssen wir schließen, daß ein wirkliches Einzelwesen weder seiner selbst noch eines anderen bewußt (im allgemeinsten Sinn von erfahrend) wird. Dies aber ist unmöglich, denn ohne konkrete Welterfahrung wäre ein wirkliches Einzelwesen nicht das, was es nach Whitehead sein soll, nämlich eine Erfahrungs*einheit* und ein »System aller Dinge«.

Whitehead scheint diese Schwierigkeit zumindest gefühlt zu haben, denn es gibt eine seltsam dunkle Stelle in *Prozeß und Realität*, die nahelegt, daß die Erfüllung doch mit zur formalen Existenz eines wirklichen Einzelwesens gehört: »Mit der Konzeption des wirklichen Einzelwesens in seiner Erfüllungsphase hat das Einzelwesen seine Absonderung von anderen Dingen erreicht; es hat das Datum absorbiert und hat sich noch nicht in seinem Umschwung zu der ›Entscheidung‹ verloren, durch welche sein Streben ein Element in den Daten anderer Einzelwesen wird, die an seine Stelle treten. Die Zeit ist stehengeblieben – wenn das nur möglich wäre.« (PR, 288f./233/154) Whitehead unterscheidet an dieser Stelle zwischen Erfüllung und Entscheidung (»decision«), wobei der Umschlag von subjektiver Unmittelbarkeit zu objektiver Unsterblichkeit nun anscheinend in diese neu eingeführte Phase der Entscheidung verlegt wird, so daß die Erfüllung noch vom Subjekt des Prozesses empfunden werden kann. In diesem Sinne interpretiert auch Christian in seiner frühen grundlegenden Studie zu Whiteheads Philosophie die Erfüllung, nämlich als eine »bezüglich auf ihr Subjekt unmittelbare Empfindung [...], welche all die Teilerfassungen im Prozeß des Zusammenwachsens vereint«.[51]

Die Aporie, in welche eine solche Unterscheidung zwischen Erfüllung und Entscheidung führen muß, tritt jedoch offen zutage in Whiteheads merkwürdig widersinniger Formulierung, daß die Zeit stehengeblieben wäre, wenn sie es nur könnte. Die Zeit kann nicht stehenbleiben, denn die Wirklichkeit ist immer wesentlich Prozeß, und doch muß sie offenbar genau das tun, wenn Erfahrung als der Wirklichkeit wesenhaft ausgewiesen werden soll. Ivor Leclerc versucht das Problem dadurch zu lösen, daß er der Erfüllung den Status einer »separaten und distinkten Empfindung« verweigert und stattdessen annimmt, sie bestehe in der vollendeten Anhäufung der vorangegangenen Empfindungen.[52] Dies scheint wohl sagen zu wollen, daß die Erfüllung zwar nicht gewöhnlichen Empfindungen gleiche hinsichtlich deren klar umgrenzter Partikularität, aber gleichwohl eine Empfindung sei, nämlich eine Art subjektimmanentes Vollendungs- oder Einheitsgefühl. Auch John Goheen meint, Erfüllung sei »nur die Empfindung der Vereinigung«[53], wobei die Betonung auf »Vereinigung« gelegt wird und das »nur« offenbar andeuten soll, daß es sich bei der Erfüllung eigentlich nicht um eine richtige Empfindung, im prozessual-technischen Sinne, handele. Doch gelingt es weder Goheen noch Leclerc, verständlich zu machen, wie eine Empfindung sein könne, die nicht selbst Teil des Prozesses ist.

»Erfüllung bedeutet für das jeweilige Einzelwesen das Erreichen von etwas Individuellem. Sie kann nicht als ein Bestandteil interpretiert werden, der zu seiner eigenen Konkretisierung beiträgt; sie ist [...] das vom Prozeß losgelöste Ergebnis und verliert dadurch die Wirklichkeit des atomistischen Einzelwesens, das sowohl Prozeß als auch Ergebnis ist. [...] die Erfüllung ist eher das ›Superjekt‹ als die ›Substanz‹ oder das ›Subjekt‹. [...] Die ›formale‹ Realität der jeweiligen Wirklichkeit gehört zu seinem Konkretisierungsprozeß und nicht zu seiner ›Erfüllung‹. Genau in diesem Sinne interpretiert die organistische Philosophie Platons Ausdruck ›nie aber wirklich seiend‹; denn das Superjekt kann nur mit Hilfe seiner ›objektiven Unsterblichkeit‹ interpretiert werden.« (PR, 168f./129/84)

Eindeutiger kann man es kaum sagen: Die Erfüllung ist das Superjekt des Prozesses, und das Superjekt gehört nicht zur subjektiven Unmittelbarkeit. Es scheint mir, als könne das Dilemma nur unter der Annahme gelöst werden, daß kein Subjekt jemals seine wirkliche Welt in eindeutiger Bestimmtheit erfahre, was bedeutet, daß es auch selbst niemals völlig bestimmt ist. Es befindet sich gleichsam immer auf dem Wege zur Eindeutigkeit, ohne diese jemals zu erreichen, indem die Möglichkeiten seiner Selbstkonstitution sich niemals erschöpfen, solange es ist. So wie das menschliche Leben erst im Tode vollendet ist, ohne daß dieser noch Teil des Lebens wäre, es sei denn, in der Form der ständigen Vorwegnahme, so ist auch ein wirkliches Einzelwesen sich immer selbst voraus und empfindet sich als aus der Vergangenheit erwachsend und in die Zukunft hinein verlierend. Eigentlich seiend, als ein mit sich selbst Identisches ist es daher niemals für es selbst, sondern nur für andere. Wäre es anders, wäre die Erfüllung eine unmittelbar empfundene, dann ließe sich kaum die Erfahrung unserer selbst als kontinuierlich in der Zeit existierend erklären.

Die Atomizität der Wirklichkeit, die in der Erfüllung zum Ausdruck kommt, ist kein Gegenstand der Subjekterfahrung.[54] Daß dennoch von einem Subjekt der Erfahrung gesprochen werden kann, hängt allein an der einheitsstiftenden Funktion des subjektiven Ziels, welches den Prozeß des Zusammenwachsens der vergangenen wirklichen Einzelwesen zu einem neuen von Anfang an begleitet. Da jedoch das subjektive Ziel selbst eine komplexe begriffliche Empfindung von der Art der Aussage (»propositional feeling«) zu sein scheint, wie wir später noch sehen werden, bleibt die Frage offen, wie das Subjekt, das seine eigene Vollendung und Wirklichwerdung nicht erlebt, gleichwohl im Prozeß seiner Erschaffung buchstäblich gegenwärtig ist. Der Rest an Mysteriösem, der der Theorie der epochalen Zeit somit anhaftet, sollte allerdings die unüberwindlichen Schwierigkeiten nicht vergessen machen, denen andere, nicht-epochale Theorien ausgesetzt sind.

Da wir uns bisher vornehmlich mit dem Werden wirklicher Einzelwesen auseinandergesetzt haben, haben wir das Sein etwas aus den Augen verloren. Die Frage steht nun, was von einem wirklichen Einzelwesen übrig bleibt, wenn es »unsterblich« wird. Inwiefern unterscheidet sich sein objektives Sein von seinem Werden, und wie lange und in welcher Form hat es Bestand? Das, was erfragt wird, ist also nichts anderes als die »Rettung der Phänomene« (Platon) oder die *Aufhebung* des Werdens im Sein.

4. Objektive Unsterblichkeit

Vergangene wirkliche Einzelwesen werden nicht in ihrer subjektiven Unmittelbarkeit als selbsttätige Prozesse erfaßt, sondern als durch zeitlose Gegenstände eindeutig bestimmte Tatsachen. Was nicht erfaßt wird, ist die innere Einheit eines wirklichen Einzelwesens. Der Charakter aber, welchen ein wirkliches Einzelwesen durch sein Werden hervorbringt, wird eine Tatsache der wirklichen Welt. Solche Tatsachen zeichnen sich dadurch aus, daß sie für alle nachkommenden wirklichen Einzelwesen unvermeidbar kausale Wirksamkeit besitzen. Was die Gegenwart ist, hängt zu einem großen Teil davon ab, was die Vergangenheit, und das heißt: jedes einzelne Moment in ihr, war. In diesem Sinne ist die Vergangenheit niemals tot, sondern lebt immer fort in der sich ständig neu schaffenden Gegenwart, denn nichts, was je erreicht wurde, geht verloren. Was verloren geht, ist das unmittelbare Erleben, die notwendig nicht näher zu bestimmende Subjektivität eines wirklichen Einzelwesens.

Die Differenz zwischen dem Sein des Zusammenwachsens (»concrescence«) und dem Sein des Zusammengewachsenen (»concretum«) ist fundamental. Während ersteres grundsätzlich durch Aktivität, Gegenwärtigkeit, Unteilbarkeit und innere Bezugnahme bestimmt wird, ist letzteres passiv, vergangen, in seine Bestandteile analysierbar und nur äußerlich bezogen. Kline spricht darum sicher mit einigem Recht von einer ontologischen Differenz zweier distinkter Entitäten.[55] Diese Differenz darf jedoch nicht absolut verstanden werden im Sinne eines statischen Dualismus: Wenn hier überhaupt von einem Dualismus gesprochen werden kann, dann nur von einem dynamischen und sich selbst aufhebenden Dualismus, denn alle wirklichen Einzelwesen transzendieren sich selbst und gehen von einer Funktionsstufe zur anderen über. Beide sind ihnen wesentlich und ergänzen einander: Ohne subjektive Unmittelbarkeit gäbe es nichts, was unsterblich, und ohne objektive Unsterblichkeit nichts, was unmittelbar erfahren werden könnte. Die Tatsache, daß wirkliche Einzelwesen immer zwei verschiedene Rollen erfüllen, ist die Bedingung der Möglichkeit eines fortlaufenden Prozesses.[56] Die innere und äußere Seite wirklicher Einzelwesen erzeugen – und sind eben dadurch eingebunden in – den »Rhythmus der Kreativität«[57]: »Der kreative Prozeß ist rhythmisch: er schwingt von der Öffentlichkeit der Vielen zu der individuellen Privatheit und zurück von dem privaten Individuum zu der Öffentlichkeit des objektivierten Individuums.« (PR, 283/229/151)

Das »objektivierte« Individuum ist das »private« Individuum unter einer anderen Perspektive betrachtet. In der menschlichen Erfahrung legt die lebendige Erinnerung an das eigene vergangene Ich für das Weiterexistieren der Vergangenheit in der Gegenwart Zeugnis ab. Der Unterschied zwischen unmittelbarem Erleben und der bloßen Erinnerung daran gibt uns einen Begriff davon, was mit dem Vergehen der subjektiven Unmittelbarkeit im Tausch gegen objektive Unsterblichkeit gemeint ist. Unsere Erinnerung, die ein wesentliches Moment unserer Erfahrung überhaupt ist, zeigt uns aber auch, wie begrenzt diese sogenannte Unsterblichkeit gewöhnlich ist. Denn nicht alles, was wir erleben, wird erinnert, vieles gerät schnell in Vergessenheit, einiges langsamer. An manches erinnern wir uns irgendwann einmal wieder, anderes ist für immer verloren, und nur ein winziger Bruchteil unserer Erlebnisse scheint den Fluß der Zeit zu überdauern.

Das organismische System erklärt diesen Umstand problemlos aus der Effektivität von negativen Erfassungen, begrifflichen Umkehrungen und schließlich Umwandlungen. Wenn objektive Unsterblichkeit nur meinen würde, daß wirkliche Einzelwesen immer einen, wenn auch noch so kleinen, Einfluß auf die nachkommende Welt ausübten, dann wären solche harmonisierenden Funktionen kein Grund, die Rede von der Unsterblichkeit wirklicher Einzelwesen in Frage zu stellen. Whitehead scheint jedoch mehr als nur das sagen zu wollen: »[...] das Erfassen der Vergangenheit bedeutet, daß die Vergangenheit ein Element ist, das vergeht und so ein Element im darauffolgenden Zustand bleibt [...]. Was wir sind, ist von unendlicher Wichtigkeit, weil wir im Vergehen unsterblich werden.« (ESP, 89) Eine solche Aussage ist nur dann verständlich, wenn einmal gewordenes Sein alles weitere Werden überdauert, indem es zwar in den Prozeß eingebunden wird, aber selbst davon unbeeinflußt bleibt. Was auch immer ist, ist für die Unendlichkeit, und der Ort dieser Unendlichkeit ist dasjenige wirkliche Einzelwesen, das immer wird und niemals vergeht. Whitehead nennt dieses wirkliche Einzelwesen, der Tradition folgend, Gott.

5. Gott

Gott ist ein wirkliches Einzelwesen. Er stellt keine eigene Kategorie der Existenz dar und bildet keine Ausnahme im System. Darum »darf Gott nicht als eine Ausnahme von metaphysischen Prinzipien behandelt werden, eingeführt, um deren Zusammenbruch vorzubeugen. Er ist ihre wichtigste Exemplifikation.« (PR, 613/521/343) Wie alle wirklichen

Einzelwesen hat Gott einen körperlichen und einen begrifflichen Pol. Der begriffliche Pol in Gott heißt auch seine »uranfängliche Natur« (primordial nature), der körperliche Pol seine »Folgenatur« (consequent nature). In beiden Naturen wird die Prozessualität der Welt auf verschiedene Art und Weise transzendiert und aufgehoben.

Alles Werden in der wirklichen Welt setzt die uranfängliche Natur Gottes als eine unerschöpfliche Quelle von Formen der Bestimmtheit voraus, die konstituierend in die Wirklichkeit eingehen, ohne völlig in ihr aufzugehen. Die Rede ist von den zeitlosen Gegenständen, die in ihrer Existenz zwar von ihrer Realisierung abhängig sind, aber nicht von dieser oder jener bestimmten Realisierung. Gemäß dem ontologischen Prinzip müssen sie zu jeder Zeit irgendwo realisiert sein, um überhaupt verfügbar zu sein. Da die ständige Verfügbarkeit *aller* zeitlosen Gegenstände eine notwendige Bedingung für eine prozessuale Wirklichkeit ist, die als dynamisch, nicht stagnierend und sich nicht ewig wiederholend, kurz: als wesentlich schöpferisch verstanden wird, muß es ein wirkliches Einzelwesen geben, das nicht kontingent, sondern notwendig ist und welches die gesamte Mannigfaltigkeit der Möglichkeiten als Möglichkeiten, d.h. als Datum seines begrifflichen Pols,[58] erfaßt. Ein solches Wesen ist als Quelle aller Möglichkeiten notwendig existent, indem seine Existenz vor aller Möglichkeit und somit seine Nichtexistenz keine Möglichkeit ist.

Zwar formuliert Whitehead keinen ausdrücklichen Beweis für die Existenz Gottes, dennoch entspricht seine Beschreibung gewissermaßen einer Mischung aus kosmologischem und ontologischem Gottesbeweis. Kosmologisch, weil ohne die primordiale Natur Gottes kein Werden der wirklichen Welt wäre, ontologisch, weil Gottes Existenz

Grund *aller* Möglichkeiten ist und daher nicht als nichtexistent gedacht werden kann. Gott, so verstanden, ist eine uranfängliche Tatsache und geht als solche allen anderen wirklichen Einzelwesen, nicht aber der Kreativität, (logisch) voraus: Er ist nicht Schöpfer der Welt, sondern nur wie Platons Demiurg ihr Baumeister, indem er dem Chaos der Formen eine Ordnung gibt. Auch ist er selbst ein Geschöpf der allgegenwärtig tätigen Urkraft, der Kreativität: »Die uranfänglich erschaffene Tatsache ist die unbedingte begriffliche Wertung der ganzen Vielheit von zeitlosen Gegenständen. Dies ist die ›Urnatur‹ Gottes. Aufgrund dieser vollständigen Wertung führt die Objektivierung Gottes in jedem abgeleiteten wirklichen Einzelwesen zu einer Abstufung der Relevanz zeitloser Gegenstände für die Konkretisierungsphasen dieses abgeleiteten Ereignisses.« (PR, 79/46/31)

»Abgesehen von Gott«, so fährt Whitehead fort, »wären die zeitlosen Gegenstände, die nicht in der wirklichen Welt realisiert sind, für die jeweilige Konkretisierung relativ inexistent.« (ebd.) Nicht absolut, sondern relativ nicht-existent, und das meint: ohne Relevanz und somit nicht verfügbar als Elemente im Zusammenwachsen eines beliebigen wirklichen Einzelwesens. Gott schafft nicht die Möglichkeiten, vielmehr »sichtet« (envisage), ordnet und wertet er sie und gibt dadurch der evolvierenden Welt einen Anreiz, bestimmte Formen eher als andere zu realisieren. Als uranfängliche begriffliche Wertung aller Möglichkeiten ist Gott der für alle anderen wirklichen Einzelwesen zu Beginn ihrer Entstehung als subjektives Ziel ihres Zusammenwachsens gegebene »Anreiz für das Empfinden« (lure for feeling) (PR, 614/522/344), der »zeitlose Drang des Begehrens«, (eternal urge of desire) (ebd.) oder auch der »Eros des Universums« (Eros of the Universe) (AI, 326). Whiteheads Gott gleicht in dieser Hinsicht dem unbewegten Beweger des Aristoteles, der den Prozeß der Welt dadurch in Gang setzt, daß er geliebt wird. Die uranfängliche Wertung selbst muß als freier schöpferischer Akt gesehen werden, für den kein Grund genannt werden kann: »Die Einheit seiner begrifflichen Operationen ist ein freier schöpferischer Akt, der nicht durch einen besonderen Verlauf der Dinge beeinträchtigt wird.« (PR, 614/522/344)

In *Wissenschaft und moderne Welt*, wo Whitehead noch nicht zwischen uranfänglicher Natur und Folgenatur Gottes unterscheidet, meint Gott offenbar nur das später uranfänglich genannte Moment, welches als Prinzip der Begrenzung (»principle of limitation«) (SMW, 208/178) metaphysisch erforderlich ist, damit wirkliche Einzelwesen, die als solche notwendig begrenzt sind, ihrer Möglichkeit nach gedacht werden können. Whitehead betont hier noch die grundsätzliche Irrationalität der göttlichen Ordnung, die, weil uranfänglich, grundlos bleiben muß: »Gott ist die letzte Begrenzung, und seine Existenz ist die grundlegende Irrationalität. Denn man kann keinen Grund für gerade die Begrenzung angeben, die er seiner Natur nach vollzieht. Gott ist nicht konkret, aber er ist die Grundlage der konkreten Wirklichkeit. Für die Natur Gottes läßt sich kein Grund angeben, weil diese Natur die Grundlage der Rationalität ist.« (SMW, 208/178) Aus der grundsätzlichen Irrationalität auf dem Grund der Dinge wird in *Prozeß und Realität* mit einer Verschiebung der Akzente die Freiheit des sich selbst schaffenden Subjekts.

Gottes Uranfänglichkeit darf nun nicht so verstanden werden, als wäre Gott *vor* aller Schöpfung da: Er ist *mit* aller Schöpfung (PR, 615/521/343), und das im doppelten Sinne, als Voraussetzung und als Teilnahme, als Anfang und Ende: »Er ist Anfang und Ende.« (PR, 616/523/345) Denn Gott, allein als »uranfängliches Superjekt der Kreativität« (PR, 81/

48/32) verstanden, mangelt es an vollständiger Wirklichkeit, da begriffliche Erfassungen immer nur Teil einer Gesamttatsache sind, die auch notwendig körperliche Empfindungen umfaßt. Wirkliche Einzelwesen sind *immer* bipolar. Auch erlangt Gott in der uranfänglichen Sichtung der zeitlosen Gegenstände noch kein Bewußtsein, da Bewußtsein die Folge einer komplexen Integration von begrifflichen und körperlichen Empfindungen ist, doch mit der Sichtung der Möglichkeiten ist in Gott auch der Drang nach ihrer Realisierung gegeben, und dieser Drang ist gewissermaßen das subjektive Ziel Gottes, welches einen Werdeprozeß initiiert, in dem Gott zu Bewußtsein und gleichsam zu sich selbst kommt als die Verwirklichung seiner eigenen Vision: Man muß »sich den göttlichen Eros als ein aktives Gegenwärtighaben aller Ideale vorstellen, das von dem Drang begleitet wird, jedes von ihnen zu seiner Zeit in einer endlichen Form zu realisieren. Das Wesen Gottes ist nicht ohne einen solchen Prozeß vorstellbar, in dem seine Unendlichkeit zur endlichen Verwirklichung kommt.« (AI, 481/357)

Alle wirklichen Einzelwesen sind wesentlich in ihre Welt eingebunden. Was sie sind, hängt immer mit von dem ab, was die anderen sind: Dies ist das Prinzip der Relativität. Gleiches gilt auch von Gott: Er und die Welt stehen in ständiger Wechselwirkung miteinander. So wie die Welt nicht wirklich werden könnte ohne Gottes uranfängliche Bereitstellung der Möglichkeiten, so könnte Gott nicht wirklich werden, ohne daß sich die Welt in ihm objektivierte. Indem die Welt die verfügbaren Möglichkeiten verwirklicht, verwirklicht Gott sich letztlich selbst, da alles wirklich Gewordene im Moment seines Wirklichwerdens von ihm erfaßt und so zu einem Element in seinem Werden wird: »Die Vervollständigung der Natur Gottes zu einer Fülle des physischen Empfindens leitet sich von der Objektivierung der Welt in Gott her.« (PR, 616/523/345)

So wird die uranfängliche Natur Gottes durch seine Folgenatur ergänzt. Da die uranfängliche Sichtung der zeitlosen Gegenstände in Gott als Sichtung *aller* Möglichkeiten notwendig vollkommen und abgeschlossen sein muß und daher vom Werden Gottes unbeeinflußt bleibt, ist der ewige Fluß der Welt zunächst einmal in der zeitlosen Ordnung aufgehoben, die jeden Moment des Prozesses transzendiert. Er ist zweitens im unmittelbaren Erleben Gottes aufgehoben, in welchem alles Wirkliche objektive Unsterblichkeit erlangt. In der Folgenatur Gottes ist diese Unsterblichkeit eigentlicher gegeben als in anderen wirklichen Einzelwesen, denn in ihr ist die Objektivierung nicht mehr durch Umwandlung und negative Erfassungen eingeschränkt: »Darin kommt es weder zu Verlusten noch zu Vereitelungen.« (PR, 617/524/346) Die Erfüllung eines jeden erfaßten wirklichen Einzelwesens geht gleichsam perspektivlos und daher *vollständig* in Gottes Unmittelbarkeit ein: »Die Welt wird in einem Einklang der Unmittelbarkeit empfunden.« (ebd.)

Da Gottes Verwirklichung die Verwirklichung aller Möglichkeiten voraussetzt, die Möglichkeiten aber in der zeitlichen Welt niemals sämtlich realisiert werden können, ist das göttliche Werden ein unendliches. Darum lebt alles Gewordene auf ewig fort in der Unmittelbarkeit der göttlichen Selbstverwirklichung, denn wie alle wirklichen Einzelwesen verändert sich Gott nicht, sondern er *wird*, und sein Werden beinhaltet die wahrhaftige Unsterblichkeit der Welt: »Die Folgenatur Gottes ist die fließende Welt, die durch ihre objektive Unsterblichkeit in Gott ›immerwährend‹ wird.« (PR, 620/527/347) Für Whitehead liegt hierin die letztliche Aufhebung des Gegensatzes von Sein und Werden: »Die Schöpfung«, so schreibt er im emphatischen Schlußteil von *Prozeß und Realität*, »erreicht die Versöhnung von Beständigkeit und Fluß, wenn sie bei ihrem letzten Ziel angelangt ist, dem des Immerwährenden – der Vergottung der Welt.« (PR, 622/ 529/348)

6. Innerweltliche Stabilität

Die Welt, die wir kennen, ist im wesentlichen eine Welt von Dingen, die nicht die mindeste Ähnlichkeit mit Whiteheads wirklichen Einzelwesen haben, eher schon mit Aristotelischen Substanzen. Die uns bekannten Dinge scheinen eine Selbstidentität zu besitzen, welche sie Veränderungen um sie herum und an ihnen selbst schadlos überstehen läßt, so daß der Schluß naheliegt, die Veränderungen beträfen nur akzidentelle Momente der Wirklichkeit, nicht deren wahres Wesen. Man denke nur an Descartes' Wachsklumpen,um hiervon überzeugt zu sein. In der organismischen Philosophie heißen solche veränderlichen und sich doch gleichbleibenden Dinge »Gesellschaften« (societies).

Eine solche Gesellschaft setzt sich zusammen aus einander aufgrund identischer Formelemente ähnlichen wirklichen Einzelwesen. Die Gleichheit ihrer Elemente allein reicht jedoch nicht aus, um eine Gesellschaft als solche zu bestimmen. Worauf es vor allem ankommt, ist, daß die Ordnung einer Gesellschaft dieser immanent ist, statt nur rein äußerlich als logische Beziehung vorhanden zu sein. Eine Gesellschaft trägt sich im wesentlichen selbst: »Das Entscheidende an einer ›Gesellschaft‹, wie der Terminus hier verwendet wird, ist, daß sie sich selbst trägt; mit anderen

Worten, daß sie ihre eigene Grundlage bildet.« (PR, 177/137/89) Gesellschaften sind eindeutig bestimmt durch Merkmale, die allen ihren Mitgliedern gemein sind, und sie sind »ihre eigene Grundlage«, weil diese bestimmenden Merkmale als komplexe zeitlose Gegenstände eine Folge der wechselseitigen Objektifikationen innerhalb der Gesellschaft selbst sind: »Daher ist eine Menge von Einzelwesen eine Gesellschaft (I) vermöge eines abgrenzenden ›Charakteristikums‹, das ihre Elemente teilen, und (II) durch die Anwesenheit des abgrenzenden Charakteristikums, das der Umgebung angemessen ist, für die die Gesellschaft selbst sorgt.« (ebd.) Da gleichzeitige wirkliche Einzelwesen sich gegenseitig nicht zu erfassen vermögen, folgt, daß Gesellschaften im Gegensatz zu wirklichen Einzelwesen notwendig immer eine zeitliche Ausdehnung haben.

Gesellschaften, die sich zusätzlich noch durch eine räumliche Ausdehnung auszeichnen, heißen korpuskulare, solche, die das nicht tun, personale Gesellschaften oder auch dauerhafte Gegenstände (»enduring objects«). Eine korpuskulare Gesellschaft läßt sich analysieren in einzelne Stränge von dauerhaften Gegenständen. Diese vererben unabhängig von ihrer Umgebung je ein bestimmtes Wesensmerkmal von Einzelwesen zu Einzelwesen und weisen gleichzeitig Merkmale auf, die sie mit und aufgrund ihrer Umgebung gemeinsam haben. So sind dauerhafte Gegenstände gewöhnlich Gesellschaften innerhalb von umfassenderen (korpuskularen) Gesellschaften, die wiederum in noch umfassendere Gesellschaften eingebunden sind, welche »strukturierte Gesellschaften« genannt werden. Letztere sind als Gesellschaften definiert, »die untergeordnete Gesellschaften und Nexūs mit einem abgegrenzten Muster aus strukturellen Wechselbeziehungen« beinhalten (PR, 193/151/99).

In einer strukturierten Gesellschaft gibt es gewöhnlich auch solche Nexūs, die keine soziale Ordnung (kein bestimmendes Merkmal) aufweisen und insofern keine relative Unabhängigkeit von den Gesellschaften besitzen, in welchen sie sich befinden. So ist beispielsweise eine lebende Zelle im Sinne der Definition eine strukturierte Gesellschaft, die einerseits Nexūs enthält, die wegen ihrer, im buchstäblichen Sinne, Eigenständigkeit als untergeordnete Gesellschaften gefaßt werden können, etwa Moleküle (die selbst wieder strukturierte Gesellschaften sind), aber auch solche Nexūs, deren Formelemente ausschließlich aus ihrer zellularen Umgebung abgeleitet sind, und welche für sich genommen nicht fähig wären, ein bestimmendes Merkmal aufrechtzuerhalten. Ein Beispiel für einen solchen nicht-sozialen Nexus wäre der scheinbar leere Raum innerhalb der Zelle.

Der Mensch, verstanden als in der Zeit existierendes körperliches und personales Wesen, ist eine äußerst komplexe strukturierte Gesellschaft mit (im Normalfall) einer dominanten personalen Gesellschaft, die der Mensch als Person ist.[59] Diese wiederum besteht, was die Ausgeprägtheit ihrer begrifflichen Pole betrifft, aus hochgradigen wirklichen Einzelwesen:

»Der Körper eines lebenden Menschen besteht aus einer Vielzahl lebendiger Gesellschaften, deren Vorgänge, unter dem Gesichtspunkt der psychischen Entfaltung betrachtet, auf einem niederen Niveau verharren. Aber im ganzen ist er so koordiniert, daß er eine lebende personale Gesellschaft trägt, deren Vorgänge einen hohen Grad psychischer Entfaltung erreichen. Diese personale Gesellschaft *ist* der Mensch, sofern man ihn als Person definiert. Sie ist die Seele, von der Platon gesprochen hat.« (AI, 373/267)

Bedeutsam ist hier der Begriff der Koordination des Ganzen zur Stützung (»support«) einer untergeordneten Gesellschaft. Nach Whitehead sind Gesellschaften niemals völlig unabhängig von ihrer Umgebung, sondern immer grundsätzlich auf deren Unterstützung angewiesen. Die Aufrechterhaltung einer gesellschaftlichen Einheit (durch die unverminderte Vererbung des bestimmenden Merkmals) ist nur solange möglich, wie die unmittelbare Umgebung sich ebenfalls durch eine gewisse Stabilität auszeichnet. Dieses Prinzip, welches man auch ökologisches Prinzip nennen könnte, verlangt nach einer Einbindung *jeder* Gesellschaft in umfassendere Gesellschaften: »daß jede Gesellschaft einen sozialen Hintergrund braucht, von dem sie selbst einen Teil bildet«. (PR, 178/138/90)

Whiteheads Lehre vom existentiellen Eingebundensein alles Seienden in seine Umgebung nimmt das Denken der zeitgenössischen Systemtheorie vorweg, das sich mit zunehmender Unübersehbarkeit der ökologischen Krise immer mehr unter Naturwissenschaftlern verbreitet.[60] Angesichts der drohenden Selbstvernichtung des Menschen wirkt es fast prophetisch, wenn man bei Whitehead bereits 1927 Sätze wie den folgenden liest: »Jedes physische Objekt, das seine Umgebung durch eigenen Einfluß zerstört, begeht Selbstmord.« (SMW, 133/109) Auf den menschlichen Organismus bezogen bedeutet die gesellschaftliche Einbindung, daß sowohl eine innere Abhängigkeit der seelischen Ereignisse von den körperlichen Funktionen und auch selbstverständlich eine wechselseitige Abhängigkeit der verschiedenen Organe und ihrer Bestandteile besteht als auch eine Abhängigkeit des einen zusammengehörigen Körpers von seiner Umwelt. Wird die Stabilität der inner- oder außerkörperlichen Umgebung über eine bestimmte Toleranzgrenze hinaus gestört, ist die Gesellschaft Mensch nicht mehr überlebensfähig und verfällt. Da überlebensfördernde Ordnungsstrukturen sich nur über eine bestimmte Zeit hinweg aufrechterhalten lassen, indem sie sich allmählich in andere, diese ersetzende Strukturen verwandeln, ist die Lebensdauer jeder Gesellschaft begrenzt: »[...] der günstige Hintergrund einer weiteren Umgebung zerfällt entweder selbst, oder er hört auf, die Fortdauer der Gesellschaft über eine bestimmte Wachstumsstufe hinaus zu begünstigen: Die Gesellschaft reproduziert ihre Elemente dann nicht mehr, und schließlich verschwindet sie nach einer Phase des Zerfalls von der Bildfläche (passes out of existence).« (PR, 179f./139/91)

Die gewaltigen Unterschiede in der Lebensdauer verschiedener Gesellschaftsformen (eines Menschen und eines Steines etwa) weisen darauf hin, daß Veränderungen des Umfeldes für manche Gesellschaften weniger Relevanz haben als für andere. Whitehead unterscheidet zwischen mehr oder weniger stabilisierten Gesellschaften und nennt solche Gesellschaften, die auf sehr eingeschränkte äußere Bedingungen angewiesen sind, spezialisiert (»specialized«) bezüglich dieser Bedingungen (vgl. PR, 196/153/100). Unspezialisierte Gesellschaften haben eine hohe Überlebensdauer aufgrund einer strukturellen Unentschiedenheit, die es ihnen ermöglicht, flexibel zu reagieren und ein ihnen eventuell von außen aufgezwungenes Muster (»structural pattern«) zu integrieren und zu ihrem eigenen zu machen. Was sie allerdings durch einen hohen Grad von Unbestimmtheit an Überlebensdauer gewinnen, verlieren die sie konstituierenden wirklichen Einzelwesen bezüglich der Intensität ihrer Erfüllung, denn die wiederum ist von der Ausgeprägtheit des Musters abhängig. Der Weg der Natur besteht deshalb darin, möglichst unspezialisierte Gesellschaften mit gleichwohl hoher Komplexität hervorzubringen und so Überleben und Intensität des Erlebens zu vermitteln. Die erfolgreiche Vermittlung kennzeichnet das Phänomen des Lebens, wie im nächsten Kapitel gezeigt werden wird.

Viele Whiteheadinterpreten, und nicht zuletzt die ihm ansonsten freundlich gesonnenen, halten den Begriff der Gesellschaft, so wie Whitehead ihn entwickelt, für nicht adäquat. Was allgemein bemängelt wird, ist, daß die Einheit einer Gesellschaft letztlich auf bestimmte Eigenschaften ihrer Komponenten reduziert werde: Denn dies entspräche keineswegs unserer alltäglichen Selbsterfahrung, in welcher die Einheit der menschlichen Person ursprünglich gegeben sei und keine weitere Ableitung zulasse. In dieser Art argumentieren so renommierte ›Whiteheadianer‹ wie Johnson und Leclerc.[61] Selbst Fetz kritisiert Whitehead in diesem Punkt und schreibt, den schon traditionellen Einwänden folgend, in seiner im übrigen herausragenden Studie: »Statt den Menschen in eine Vielzahl von Wesenheiten aufzulösen, die dann wieder zur – fragwürdigen – Einheit einer bloßen ›Gesellschaft‹ zusammengefaßt werden, läge wohl die einfachere und wirklichkeitsgerechtere Lösung darin, von Anfang an und durchgängig den Menschen als *eine*, wenn auch komplexe Wesenheit zu konzipieren, wie es dem Ausgangspunkt Whiteheads entspricht.«[62] Einfacher wäre die vorgeschlagene Lösung vielleicht, doch es ist die Frage, ob sie tatsächlich wirklichkeitsgerechter ist, wie Fetz glaubt. Auch ist es schwer nachzuvollziehen, daß Fetz' Alternative »dem Ausgangspunkt Whiteheads« eher entsprechen sollte als die Lehre von der gesellschaftlichen Einheit.

Erinnern wir uns: Nichts ist unmittelbarer gegeben als unsere eigene Erfahrung in jedem einzelnen Moment, und deshalb muß alle Rede vom Sein eines Seienden darin ihren Ausgang nehmen. Nicht der Mensch, ohne besondere Qualifikation, ist ein wirkliches Einzelwesen, sondern der Mensch als je diese Erfahrungseinheit. Daraus folgt, daß jede neue Erfahrung ein neues wirkliches Einzelwesen ist; etwas anderes ist von Whiteheads Ansatz her nicht denkbar, und es wäre doch absurd, wenn ausgerechnet die menschliche Erfahrung als dasjenige Moment, aus welchem das Konzept des wirklichen Einzelwesens gewonnen wurde, die Ausnahme von der Regel sein sollte. Die Ansicht, daß Whitehead den Menschen in eine Vielzahl von Wesenheiten auflöse, kann nur auf der Basis einer substantialistischen Prämisse gerechtfertigt erscheinen, die aber gerade von Whitehead abgelehnt wird, weil sie etwas für gegeben annimmt, nämlich die Substanz Mensch, das konkret nicht ausweisbar ist und deshalb zunächst einmal als abstrakte Größe behandelt werden muß.

Im übrigen ist die Einheit der Gesellschaft Mensch keineswegs »fragwürdig«, sondern äußerst real: Was wir in jedem einzelnen Moment sind, sind wir nur aufgrund unserer Eingebundenheit in die Gesellschaft, deren Teil wir sind, so wie die Gesellschaft nur aufgrund der gegenseitigen Erfassungen ihrer Teile sein kann, was sie ist. Whiteheads Gesellschaften sind als ganze eindeutig mehr als die Summe ihrer Teile: Sie sind gleichsam deren Potenz. Whitehead läßt keinen Zweifel daran, daß es falsch ist, sich eine Gesellschaft als eine bloße Ansammlung wirklicher Einzelwesen vorzustellen, die zufällig ähnliche Merkmale aufweisen. Abgezogen von der Gesellschaft, der ein wirkliches Einzelwesen angehört, ist es überhaupt nichts, oder vielmehr es wäre nicht mehr dieses, sondern ein anderes wirkliches Einzelwesen – ähnlich wie ein Molekül *in* einer Zelle sich anders verhält als *außerhalb* einer Zelle.

Freilich ist die Einheit einer Gesellschaft nicht so unbedingt wie die eines wirklichen Einzelwesens. Genauer: Der Satz der Identität ist für eine Gesellschaft nur begrenzt anwendbar. Dies entspricht aber voll und ganz unserer Ich-Erfahrung. Zuweilen wundern wir uns über das, was wir gestern gesagt oder getan haben, und nicht selten scheint uns die Differenz zwischen unserem jetzigen Ich und dem Ich, das wir vor zehn Jahren gewesen sein mögen, in vieler Hinsicht erheblich größer zu sein als die Differenz zwischen uns jetzt und den meisten Leuten, die wir kennen. Daß wir uns gleichwohl stärker mit diesem früheren Selbst identifizieren als mit einem fremden Selbst, hängt von unserer klaren Erinnerung daran ab. Verlören wir diese Erinnerung völlig, wäre es äußerst zweifelhaft, ob wir dann noch dieselbe Person wären. Auch ist klar, daß das, was vergangen ist, nicht das sein kann, was wir jetzt sind, denn das wäre ein Widerspruch.

Ganz offenbar sind die Ereignisse unserer eigenen Vergangenheit jetzt anders in uns als zu dem Zeitpunkt, als sie noch nicht vergangen waren. Sie haben, mit Whitehead zu sprechen, objektive Unsterblichkeit, doch keine subjektive Unmittelbarkeit mehr. Die temporale Differenz innerhalb unserer Person ist eine Differenz wirklicher Einzelwesen, unsere temporale Identität die Identität einer Gesellschaft – nicht mehr, aber auch nicht weniger.

V. Freiheit und Notwendigkeit

1. Wirkursachen und Zweckursachen

»Jeder Anfang birgt in sich ein Element völliger Willkür. Nicht nur befindet er sich außerhalb der Kausalitätskette, in der jede Wirkung sofort als Ursache weiterer Entwicklungen verläßlich determiniert ist, er ist überhaupt nicht eigentlich abzuleiten – wäre er es, so wäre er kein Anfang – und erscheint daher, was Zeit und Raum betrifft, gleichsam aus dem Nirgendwo«, schreibt Hannah Arendt in ihrer Studie *Über die Revolution.*[63] Ein wirkliches Einzelwesen ist notwendig durch die Welt bestimmt, die es erfaßt, was nichts anderes bedeutet, als daß die Gegenwart immer der Vergangenheit Rechnung tragen muß. Dieses Prinzip erklärt die Wirkursächlichkeit der Welt: »Verursachung ist nichts anderes als eine Konsequenz aus dem Prinzip, daß jedes wirkliche Einzelwesen in *seiner* wirklichen Welt beheimatet sein muß.« (PR, 161/124/80) Doch ist ein wirkliches Einzelwesen niemals *nur* die »Herberge« seiner wirklichen Welt, niemals *nur* ihr Resultat. Was ein wirkliches Einzelwesen schließlich wird, hängt ebenso sehr von seiner eigenen Reaktion auf sein Datum ab. Allein von seinem Datum her betrachtet ist es unmöglich, mit völliger Sicherheit die Natur eines wirklichen Einzelwesens vorherzusagen, denn dieses ist nur *ein* Grund, nicht der ganze Grund, warum es ist, wie es ist. Die letzte Entscheidung gehört dem je werdenden wirklichen Einzelwesen allein, und bezüglich dieser Entscheidung ist ein wirkliches Einzelwesen immer Grund seiner selbst: »Ein zeitliches Ereignis erfüllt hinsichtlich seiner zweiten Eigenschaft – und Gott hinsichtlich seiner ersten – Spinozas Definition der Substanz, die *causa sui* ist. [...] Die dem Universum inhärente Freiheit beruht auf diesem Element der Selbst-Verursachung.« (PR, 175/135/88)

Dies meint offenbar, daß wirkliche Einzelwesen hinsichtlich ihres körperlichen Pols kausal determiniert sind, frei aber hinsichtlich ihres begrifflichen Pols. Begriffliche Erfassungen antworten auf die aus der wirklichen Welt kommenden körperlichen Erfassungen gemäß dem subjektiven Ziel des werdenden Einzelwesens. Wie wir gesehen haben, entspringt das das Zusammenwachsen leitende subjektive Ziel zur Gänze einer körperlichen Erfassung von Gottes uranfänglicher Wertung (worauf auch die Kategorie der begrifflichen Umkehrung letztlich zurückgeführt werden kann).[64] Das subjektive Ziel ist eine Zweckursache, die die Gesamtheit der Wirkursachen ergänzt, indem sie das, was diese unbestimmt lassen müssen, zur Eindeutigkeit führt. Nun ist es jedoch schlecht möglich, im subjektiven Ziel selbst dasjenige Moment zu erblicken, das ein wirkliches Einzelwesen Grund seiner selbst (causa sui) sein läßt, denn der Grund, oder besser: die Ursache des subjektiven Ziels ist allein in Gott zu finden. Es stellt sich darum die Frage, ob – und wenn ja, inwiefern – einem wirklichen Einzelwesen zwischen seinem kausalen Ursprung in der Bestimmtheit der äußeren Welt und der im subjektiven Ziel vorgegebenen Entwicklungsrichtung seines Werdens noch ein idealer Raum zugesprochen werden kann, in welchem sich seine ihm eigene Freiheit konstituieren könnte.

Es ist unzweifelhaft Whiteheads Bestreben, nicht zuletzt

auch aus Gründen der System-Adäquanz, die Freiheit in der Grundstruktur der Welt zu verankern. Dies kann aber nur gelingen, wenn das subjektive Ziel als Grund nicht zwingend ist, wenn es nicht Befehl, sondern, wie Whitehead sagt, Lokkung (»lure«) oder Überredung (»persuasion«) ist, auf welche ein wirkliches Einzelwesen hören kann oder auch nicht. Nach Whitehead spiegelt sich diese Konzeption in der neutestamentlichen Vorstellung eines Gottes, der vornehmlich durch seine Liebe zur Welt charakterisiert wird. So ist Gott am Werden eines jeden wirklichen Einzelwesens beteiligt, doch äußert sich sein Einfluß nicht als zwingende Gewalt, sondern in der Form der Liebe. Für einen Kritiker wie Edward Pols ist eine Rede in solchen Begriffen allerdings bloße Wortmagie. Nach seiner Meinung handelt es sich hier um Begriffe, »die sich in einem Kontext, wo Freiheit wünschenswert ist, den Anschein von ehrenwerten Metaphern geben« und ansonsten keinen Sinn hätten, da »es immer *etwas* zu überreden geben muß, oder etwas zu locken, wenn diese Worte etwas bedeuten sollen.«[65]

Pols' Ansicht hat auf den ersten Blick einiges für sich, denn das Problem scheint in der Tat darin zu bestehen, ein irgendwie schon Seiendes, ein Etwas auszumachen, das auf eine gegebene Lockung so oder so reagieren könnte. Wo und was sollte aber dieses Etwas sein, wenn es doch gerade die Lokkung ist, welche das Werden von etwas allererst initiiert? Ist also die göttliche Überredung nur dem Namen nach eine solche, so daß die Freiheit der Kreatur ein bloßes und irrationales Postulat bleibt?

2. Göttliche Überredung und geschöpfliche Freiheit

Gottes uranfängliche Natur ist die Sichtung aller zeitlosen Gegenstände. Sie gehört als Datum immer zur wirklichen Welt eines jeden wirklichen Einzelwesens und transzendiert doch jede gegebene wirkliche Welt aufgrund ihrer absoluten Allgemeinheit. Durch sie werden über die Begrenztheit dieser wirklichen Welt hinaus für jedes Zusammenwachsen neue Möglichkeiten *als* Möglichkeiten verfügbar. Da diese Verfügbarkeit eine Folge des göttlichen *Ordnens* der Möglichkeiten ist, ist sie auch und vor allem ein Anreiz zur Verwirklichung bestimmter Möglichkeiten und beinhaltet somit ein Ideal der Verwirklichung: »Die Macht, mit der Gott die Welt bewahrt, ist die Macht seiner selbst als das Ideal.« (RM, 116/140) Platonisch gesprochen ist Gott die Idee des Guten.

Nun war der eigentliche Zweck der systematischen Einführung der uranfänglichen Natur Gottes, die Verfügbarkeit von neuen Möglichkeiten als Grundbedingung eines fortschreitenden Prozesses mit dem ontologischen Prinzip vereinbar zu machen, wobei Verfügbarkeit nicht als bloßes Vorhandensein verstanden wurde, sondern als Relevanz. Dies läßt sich schwerlich anders deuten, als daß eine bestimmte Möglichkeit nur dann relevant sein kann, wenn es einen Grund gibt, warum eher sie als eine andere realisiert werden sollte. *Ein* solcher Relevanzgrund ist eben Gottes uranfängliche Sichtung der zeitlosen Gegenstände, die man theologisch als das verstehen kann, was Gott für diese Welt will. Ein weiterer Relevanzgrund ist die je objektivierte Vergangenheit eines wirklichen Einzelwesens. Wo aber ist der Relevanzgrund, der ein wirkliches Einzelwesen bewegen sollte, eine Möglichkeit zu ergreifen, die *weder* in seiner wirklichen Welt angelegt ist *noch* von Gott gewollt wird?

Dies ist eben das Problem, das Pols anspricht, und man muß ihm wohl insoweit zustimmen und die Frage dahingehend beantworten, daß ein solcher Relevanzgrund in Whiteheads System schlechterdings nicht vorgesehen ist. Dies bedeutet, daß das faktische Ergreifen einer weder kausal noch final vorgegebenen Möglichkeit entweder überhaupt nicht denkbar ist oder aber es dafür keinen Relevanzgrund gibt. Letzteres wäre ein Akt völliger Willkür und als solcher eine Art Schöpfung aus dem Nichts, ein irrationales Element im System also und ein Verstoß gegen das ontologische Prinzip. Wir können daher annehmen, daß Whitehead eine solche Alternative in dieser Form ablehnen würde. Es folgt, daß die Möglichkeiten des Werdens für jedes beliebige wirkliche Einzelwesen auf seine kausalen und finalen Bestimmungen beschränkt sind.

Die entscheidende Frage ist nun, ob allein deshalb geschöpfliche Freiheit schon notwendig als eine, wiewohl angenehme, Täuschung angesehen werden muß, wie Pols meint, wenn er Whiteheads Rede von ihr als Worthülse verurteilt. Die Beantwortung dieser Frage hängt davon ab, was wir unter Freiheit verstehen wollen. Verstehen wir den Begriff als auf solche Entscheidungen wirklicher Einzelwesen bezogen, für welche nicht nur kein Grund erkennbar ist, sondern für welche es schlechterdings keinen Grund *gibt*, meinen wir also eine absolute Freiheit, so sind wirkliche Einzelwesen tatsächlich ganz und gar determiniert. Doch ist eine solche absolute Freiheit überhaupt denkbar? Für Whitehead ist sie es nicht, und es gilt der Grundsatz des *Nihil sine ratione*: »[...] jedes wirkliche Einzelwesen besitzt die Freiheit, die in der primären Phase angelegt ist, welche durch seinen relativen Standpunkt zu seinem wirklichen Universum ›gegeben‹ ist. Freiheit, Gegebensein und Potentialität sind Begriffe, die einander voraussetzen und einander begrenzen.« (PR, 253/202/133) Die Freiheit eines wirklichen Einzelwesens ist also niemals voraussetzungslos, sondern bleibt immer auf das sich ihm durch seine wirkliche Welt als gegeben Darbietende bezogen. Die wirkliche Welt steckt den Rahmen ab, in welchem eine freie Bewegung möglich ist (der Schimpanse kann in einem Stein vielleicht eine Waffe sehen, aber bestimmt keine Cruise Missile).

Nun könnte man sagen, daß, da die Vergangenheit die Tendenz hat, sich in der Gegenwart zu reproduzieren (Theorie der Angleichung, Kategorie der begrifflichen Wertung, vgl. Kap. III.5), ein Gegenprinzip (ein zweiter Relevanzgrund) erforderlich wird, damit der dem wirklichen Einzelwesen mögliche Freiheitsspielraum sozusagen offen wird und ausgeschöpft werden kann. Dieses Gegenprinzip wäre dann die göttliche Überredung. Sie böte werdenden wirklichen Einzelwesen einen Grund, von dem aus eine reine Reproduktion der Vergangenheit vermieden werden kann. In dieser Funktion wäre die uranfängliche Natur Gottes der Grund der Freiheit überhaupt (jedoch nicht die Freiheit selbst). Sollen wir nun sagen, daß es in einem jeden wirklichen Einzelwesen eine anfängliche freie Entscheidung für oder gegen die Freiheit gibt? Wäre das nicht ein Widerspruch? Und wie sollte eine solche Entscheidung mit unserer alltäglichen Erfahrung, daß verschiedene Dinge auch unterschiedlich frei sind, zu vereinbaren sein? Wenn uns jemand erzählte, er habe einen Stein sprechen hören, würden wir kaum glauben, daß er wirklich *den Stein* hat sprechen hören: Der Grund dafür ist eben, daß es nicht in der Macht von Dingen zu stehen scheint, frei zu sein, sondern daß sie zunächst einmal *ohne ihr Zutun* in die Möglichkeit der Freiheit *gesetzt* werden.

Der Grad der Freiheit, den ein wirkliches Einzelwesen besitzt, hängt von dem Gewicht ab, das Gottes uranfängliche Natur (die Kraft der Idee) im Entstehungsprozeß eines wirklichen Einzelwesens hat: Je größer der Einflußbereich dessen wirklicher Welt ist, desto geringer ist seine Freiheit. Doch sind wirkliche Einzelwesen niemals gänzlich ohne Freiheit – auch wenn sie bei weitaus den meisten verschwindend gering ist –, denn Gottes uranfängliche Natur ist das *alles* Entstehen von jeher begleitende Ordnungsprinzip. Deshalb obliegt die Stärke des göttlichen Einflusses auch nicht dem Willen Gottes; vielmehr stellt sich die göttliche Ordnung allein dadurch, daß sie ist, mit geringem, doch stets gleichbleibendem (und niemals nachlassendem) Druck der überwältigenden Macht der kausalen Welt entgegen; und so wie der Regen Jahrtausende benötigt, um einen Felsen mit sanfter Gewalt auszuhöhlen, so können wir uns vorstellen, daß die Auswirkungen von Gottes Einfluß im Lauf der Zeiten zunehmend größer werden. Nur darum ist das Universum schöpferisch, weil die göttliche Schöpfung im Whiteheadschen Sinne ständig andauert: Die Geschichte der Welt muß als eine Evolution der Freiheit begriffen werden, an deren vorläufiger Spitze der Mensch steht, dessen eigene Geschichte durch die gewaltige Rolle, die Ideen für ihren Verlauf immer schon gespielt haben, wiederum von der Wirksamkeit der göttlichen Überredung Zeugnis ablegt, und »überall, wo Ideen [...] wirksam sind, gibt es auch Freiheit.« (AI, 171/83)

In der obigen Diskussion wird die These vertreten, daß Gott als uranfängliche Tatsache und damit als Finalursache eines jeden im Werden begriffenen wirklichen Einzelwesens dessen Freiheit nicht etwa einschränkt, sondern begründet. (Theologisch gesprochen ist die Freiheit ein Geschenk Gottes.) Dies meint, daß ein wirkliches Einzelwesen sich zwar nicht entscheiden kann, frei zu sein, aber wenn ihm (dank

Gottes Einfluß auf den Weltprozeß) eine gewisse Freiheit (vom bestimmenden Einfluß seiner wirklichen Welt) mitgegeben ist, dann kann es nicht mehr hinter seine Freiheit zurück. Es ist und bleibt frei, weil und insoweit Gott in ihm wirksam ist. Wenn dies aber richtig ist, muß eben aus diesem Grund – wenn das Wort Freiheit noch einen (uns geläufigen) Sinn haben soll – für ein werdendes wirkliches Einzelwesen einmal die Möglichkeit bestehen, das seinen Entstehungsprozeß initiierende und ihm eine Richtung gebende anfängliche subjektive Ziel (welches die Welt gleichsam verleitet, sich immer wieder in neue Einheiten zusammenzufassen und so neu zu gestalten) zurückzuweisen bzw., da der Prozeß als unteilbare Einheit nicht ohne subjektives Ziel sein kann, zu modifizieren. Zweitens, und darauf kommt es hier an, darf es durch diese Zurückweisung nicht seine grundsätzliche (ihm mögliche) Freiheit verlieren – denn sonst unterschiede sich ein an sich relativ unfreies wirkliches Einzelwesen (vom Typ der unbelebten Natur) bezüglich seiner Freiheit in gar keiner Weise von einem an sich relativ freien (z. B. einem menschlichen Bewußtsein), welches gleichwohl nicht dem Ideal folgt, sondern mit seiner eigenen Vergangenheit konform geht. Anders gesagt: Ein wirkliches Einzelwesen muß auch frei sein, das, was es allererst frei gemacht hat (nämlich das göttliche Ideal), für seine eigene Erfüllung irrelevant sein zu lassen. Es muß also einen Prozeß geben, in welchem das anfängliche subjektive Ziel so verändert werden kann, daß das Ergebnis des Prozesses dem anfänglichen Ziel nicht mehr entspricht.

Stellen wir uns nun die Frage, wo der entscheidende Grund dieser Modifikation des subjektiven Zieles liegen soll, so scheint es, als habe sich die Erörterung im Kreis gedreht, denn der entscheidende Grund kann nur die endgültige Reaktion des wirklichen Einzelwesens selbst sein, kraft derer es dann als *causa sui* betrachtet werden kann. Gleichwohl gibt es ein Moment, in dem sich diese Schlußfolgerung, möglicherweise wesentlich, von dem Ausgangspunkt unserer Erörterung unterscheidet (so daß das ontologische Prinzip nicht geopfert werden muß), denn die nun gewonnene Freiheit eines wirklichen Einzelwesens, das seine Freiheit begründende subjektive Ziel modifizierend zurückzuweisen, bleibt in jedem Fall auf die für es relevanten Möglichkeiten der Selbstrealisation bezogen, also, im Fall der Zurückweisung des ursprünglichen Ziels, auf seine kausal wirksame wirkliche Welt. Das modifizierte subjektive Ziel wäre dann die »Angleichung« (conformation) an diese Vorgabe und damit eben *nicht* die Realisierung einer nicht-relevanten Möglichkeit.

In diesem Licht müßte dann auch die neunte kategoriale Verpflichtung, die Kategorie der Freiheit und Determiniertheit, gedeutet werden, nach welcher gilt, daß die »Konkretisierung jedes wirklichen Einzelwesens [...] innerlich determiniert und äußerlich frei« ist (PR, 73/41/27), in dem Sinne, daß »alles Bestimmbare bestimmt ist, jedoch immer ein Rest verbleibt, über den das Subjekt-Superjekt dieser Konkretisierung selbst entscheidet.« (ebd.) Diese letzte Entscheidung beruht zwar auf Ursachen, doch ist sie schlechterdings nicht ableitbar: Sie bleibt als ein unauflöslicher Rest bestehen.

Man könnte Whitehead nun leicht vorwerfen, daß er sich damit selbst widerspreche und, indem er sowohl das eine als auch das andere haben wolle, eine philosophisch ungenießbare Kost serviere. Doch wenn Whiteheads Lösung des Freiheitsproblems ein Paradox ist, so ist es ein Paradox, das in der Natur der Sache liegt. Darum ist der Kompromiß, den Whitehead zwischen Freiheit und ontologischem Prinzip zu schließen versucht (ein Versuch, der ein wenig an Kants Verlegung der Freiheit in den Willen qua Ding an sich erinnert)[66], notwendig und sinnvoll – soweit er zu tragen vermag, denn jede Rationalisierung der Freiheit stößt irgendwo an eine Grenze: Es gibt ein Moment an der Freiheit, das sich gegen jegliche Rationalisierung sperrt. Es ist Bergsons Verdienst, dies klar erkannt zu haben, Whiteheads Verdienst aber, die Rationalisierung bis zu ihren äußersten Grenzen betrieben zu haben. Diese Grenzen finden sich einmal in der uranfänglichen Natur Gottes und dann in der endgültigen »Entscheidung« eines jeden entstehenden wirklichen Einzelwesens. Dies sind die beiden Pfeiler, auf denen die Freiheit ruht:

»Die These ist, daß jede Konkretisierung auf eine abgegrenzte freie Auslösung und einen abgegrenzten freien Abschluß bezogen werden muß. Die anfängliche Tatsache ist makrokosmisch in dem Sinne, daß sie die gleiche Relevanz für alle Ereignisse hat; die abschließende Tatsache ist mikrokosmisch in dem Sinne, daß sie sich speziell nach diesem Ereignis richtet. Keine dieser Tatsachen kann in dem Sinne rational erklärt werden, daß man die sie bestimmenden Antezedenzien nachweist. Die auslösende Tatsache ist das uranfängliche Streben, und die abschließende Tatsache ist die Entscheidung der Emphase, die sich schließlich kreativ in der ›Erfüllung‹ auswirkt.« (PR, 106/75f./47f.)

Daß es überhaupt Freiheit gibt, läßt sich freilich nicht beweisen, doch meint Whitehead, die Hypothese der Freiheit liege aus verschiedenen Gründen nahe. So entdecke uns die Quantentheorie die Schranken des deterministischen Denkens, die nicht etwa erkenntnistheoretische, sondern ontologische Schranken seien. Zweitens weise der Verlauf der Welt keinerlei Anzeichen von Vollkommenheit auf, d. h. alles, was ist, *sieht aus*, als hätte es auch anders sein können: »Der wirkliche Fluß präsentiert sich in der Eigenschaft, bloß ›gegeben‹ zu sein. Er enthüllt nicht die Eigenschaft der ›Vollkommenheit‹.« (PR, 104/74/47) Der Hauptgrund aber, warum wir die Existenz der Freiheit nicht leugnen können, ist, daß wir uns ihrer so unmittelbar bewußt sind. Wir erleben uns als definitiv frei innerhalb bestimmter Grenzen. Die Tatsache, daß wir unser eigenes Tun gutheißen oder verurteilen, daß wir uns selbst für unsere Handlungen und andere für die ihren in letzter Instanz verantwortlich halten, verweist uns auf unsere ureigene Freiheit. Und es ist nicht etwa so, daß wir den Menschen als frei voraussetzen müßten, um ihm Verantwortlichkeit zubilligen zu können: Eher denken wir ihn als frei, weil er sich als verantwortlich begreift. Dieses Gefühl des Freiseins, meint Whitehead zu Recht, ist zu dominant, als daß es eine bloße Chimäre sein könnte:

»[...] im Falle derjenigen Wirklichkeiten, deren unmittelbare Erfahrung uns, nämlich den menschlichen Wesen, am vollkommensten offensteht, [ist] die endgültige Entscheidung des Subjekt-Superjekts, auf der die elementare Modifikation des subjektiven Ziels beruht, die Grundlage für unsere Erfahrung mit Verantwortung, Zustimmung oder Ablehnung, Selbstachtung oder -verachtung, Freiheit und Emphase. Dieses Element ist in der Erfahrung zu breit angelegt, um als bloße Fehlkonstruktion abgetan zu werden. Es beherrscht die ganze Stimmung des menschlichen Lebens.« (PR, 104f./74/47)

Das Bemerkenswerte hierbei ist, daß wir uns *trotz* der Tatsache frei und verantwortlich fühlen, daß wir immer Gründe für unser Handeln haben. – Kann man sagen, daß jemand verantwortlich sei für eine Handlung, die er grundlos (im buchstäblichen Sinne) begangen hat? Wenn es eine solche Handlung gäbe (und es gibt sie nicht), könnte man eigentlich nicht mehr von einer Handlung sprechen, sondern nur noch von einem Geschehen: Etwas geschieht in mir, und das ist alles, was ich in einem solchen Fall sagen kann. Man fragt den Mörder nach den Gründen für seine Tat und stellt gleichwohl seine Freiheit nicht in Frage: Was man ihm eigentlich vorwirft, ist, daß er *diese* Gründe und nicht andere (die zu einer anderen Tat geführt hätten) hatte. Freilich gibt es Gründe, warum er eben diese Gründe und keine anderen hatte, und dafür wiederum andere Gründe: Die Kette der Begründungen ist ein unendlicher Regreß von Fremdbestimmungen, solange wir davon ausgehen, daß die Wirkung immer auf ihre Ursache folgt. Verantwortung ist aber nur möglich, wenn, wie Cobb richtig bemerkt, eine Handlung weder fremdbegründet noch unbegründet, sondern selbstbegründet ist (ein wirkliches Einzelwesen ist *causa sui!*), mit anderen Worten, wenn Ursache und Wirkung in eins zusammenfallen.[67]

Dieser Zusammenfall ist nur unter der Voraussetzung der epochalen Theorie der Zeit denkbar (wie sie in Kap. IV.2 beschrieben wurde), und nur sie kann letztlich die Möglichkeit von Freiheit und Verantwortung auf eine ontologisch zufriedenstellende Art und Weise erklären. Doch bleibt die Verankerung der Verantwortung in der Selbstbestimmung eines wirklichen Einzelwesens vielleicht auf einer anderen, eher pragmatischen Ebene unbefriedigend, wenn man in Betracht zieht, daß wir es in den Bereichen, wo die Frage der Verantwortung für uns relevant wird, niemals mit wirklichen Einzelwesen zu tun haben, sondern immer nur mit Gesellschaften von wirklichen Einzelwesen. Wirkliche Einzelwesen mögen zwar Verantwortung für ihr Sein haben, nur: Ich kann sie nicht zur Verantwortung ziehen, weil sie per definitionem bereits vergangen sind, wenn sie für mich da sind: Den Schuldigen habe ich in jedem Fall verloren.

Sherburne, der das Problem analysiert, kommt allerdings zu dem Schluß, daß dieser Verlust nicht nur gut erträglich sei, sondern sogar recht wünschenswerte Auswirkungen auf unsere Vorstellung von Bestrafung haben könne, denn, so argumentiert er, wenn wir Whiteheads Alternative akzeptieren würden, wäre das, was wir vor allem aufgeben müßten, »die atavistische Berufung auf Vergeltung als Basis der Bestrafung«.[68] Dies impliziert nicht, daß Bestrafung an und für sich nun unangebracht wäre: Der Mörder X ist eine personale Gesellschaft, und darum vererben die wirklichen Einzelwesen seiner Lebenslinie einander zu einem gewissen Grad diejenigen Eigenschaften, die X zum Mörder haben werden lassen; aber auch die äußere Situation, in der sich die Gesellschaft X vor dem Mord befand, diesen mit herbeiführend, setzt sich fort. Eine humane Strafgesetzgebung sollte deshalb nicht den eigentlich Schuldlosen bestrafen, sondern die Vererbungslinie der Gesellschaft X so zu beeinflussen suchen, daß für sie eine Umorientierung auf am Ideal ausgerichtete neue Möglichkeiten realisierbar wird. Wie Sherburne sagt: »Strafe muß, um gerechtfertigt zu sein, zielschaffend sein; sie muß buchstäblich kreative Strafe sein, insofern sie danach trachtet, Möglichkeiten offenbar zu machen, die zu Tiefe und Harmonie der Erfahrung führen.«[69]

Der Mensch, könnte man sagen, ist eigentlich menschlich nur, wenn er seine Freiheit nicht dazu benutzt, das, was ihn frei macht, zurückzuweisen. Erst in der Anerkennung des göttlichen Ideals also *lebt* der Mensch seine Freiheit, weil er erst dann seine ureigenen Möglichkeiten auszuschöpfen vermag. Indem er nun dem Ideal nachlebt, will er es auch verfügbar machen für andere, denn das in der göttlichen Ordnung liegende Ideal ist auf die ganze Welt ausgerichtet, d. h. Gott will die *universale Realisierung* der von ihm angestrebten Möglichkeiten. Wenn wir Bestrafung nun als den Versuch nehmen wollen, für Menschen neue und erfüllende Möglichkeiten verfügbar zu machen, plädieren wir lediglich dafür, das Prinzip der göttlichen Überredung aufzugreifen und das göttliche Bestreben nach kosmischer Harmonie zu unterstützen, indem wir selber als »Lockung zur Empfindung« (lure for feeling) fungieren. Darum ist der Mensch in seiner recht verstandenen Freiheit Gott ähnlich, denn er schafft sich selbst gleichsam als dessen Ebenbild und wirkt der kausalen Notwendigkeit, die göttliche Überredung noch potenzierend, entgegen.

3. Ordnung und Naturgesetz

Da die Struktur der Welt nach Whitehead grundsätzlich die freie Entscheidung wirklicher Einzelwesen einschließt, kann es keine absolute Notwendigkeit geben. Daraus folgt nicht, daß der Weltprozeß gänzlich dem Zufall unterworfen wäre, denn die Welt vor die Alternative: entweder vollkommene Determiniertheit oder vollkommene Anarchie, zu stellen, wäre nichts anderes als den *Irrtum der deplazierten Konkretheit* zu begehen. Die Frage ist nicht, ob das Weltgeschehen determiniert ist oder nicht, sondern *wieviel* Determiniertheit und *wieviel* Freiheit darin herrscht.

Es ist ganz offenbar, daß die Welt, die wir kennen, eine gewisse Ordnung aufweist, auf die wir uns zu verlassen gewöhnt haben. Stabilität auf der einen und periodische Wiederkehr auf der anderen Seite sind für unser Erleben von immenser Bedeutung: Sie sind buchstäblich nicht wegzudenken, weil es menschliches Denken und Erkennen ohne sie nicht gäbe. Es ist daher nicht verwunderlich, daß die Erfahrung der Ordnung schließlich zur Konzeptualisierung der Welt als in ihrem Verlauf wesentlich bestimmt von unverbrüchlichen Gesetzlichkeiten führte. Diese Gesetzlichkeiten begründeten als sogenannte *Natur*gesetze den Aufstieg der neuzeitlichen Wissenschaft, deren Erfolg ihrerseits wieder die Konzeptualisierung legitimierte. Schon die Tatsache, daß wir von Natur*gesetzen* sprechen, ist bezüglich der Vorstellung, die sich dahinter verbirgt, aufschlußreich. Das deutsche Wort *Gesetz* verweist noch deutlich auf seine eigentliche Bedeutung. Als Verbalsubstantiv von *setzen* meint es soviel wie: etwas, das gesetzt ist, ähnlich wie das lateinische *lex* (von *legere*), das die Wurzel des englischen *law* und des französischen *loi* ist, oder selbst das griechische *nomos* (von *nemein* = zuteilen). Im Deutschen Wörterbuch der Brüder Grimm findet sich unter dem Stichwort »Gesetz« die Eintragung: »allgemein, was gesetzt oder bestimmt ist, die bestimmung einer höheren macht, des schicksals oder gottes«[70], und diese Definition drückt auf das genaueste eben jenen Bedeutungsgehalt aus, der dem Begriff des Gesetzes auch in der neuzeitlichen Naturwissenschaft von Anfang an innewohnte.

Naturgesetze wurden, und werden oft noch immer, als etwas begriffen, das den Dingen eben nicht inhärent, sondern von außen auferlegt ist. So verstanden, sagen sie per definitionem nichts über das Wesen der Dinge aus, deren Beziehungen untereinander sie festlegen; und aus dem Wesen der Dinge lassen sich nicht die Gesetze ableiten, denen sie unterworfen sind. Vor dem Gesetz sind alle Dinge gleich: Es kümmert sich nicht um, mit Galilei zu sprechen, »die Adelsregister seiner Subjekte«[71]. Wie die Wissenschaftler des 17. und 18. Jahrhunderts, allen voran Newton, durchaus begriffen, verlangt ein solches Weltverständnis notwendig nach einem göttlichen Gesetzgeber als einer Macht, die der Welt ihre Gesetze gibt, ohne ihnen selbst unterworfen zu sein. Und wenn das Gesetz die Manifestation eines göttlichen

Willens ist, dann ist es ein Gesetz, dem die Welt notwendig gehorchen muß, d.h. es hat absolute Gültigkeit immer und überall. Eine solche Auffassung von Gesetzlichkeit begründet jene wissenschaftliche Vorliebe für die, wie Whitehead sagt, »unerbittliche Unausweichlichkeit«, die »das wissenschaftliche Denken durchzieht«: »Die physikalischen Gesetze sind die Ratschlüsse des Schicksals.« (SMW, 22/11)

Als Alternative zu dieser Gesetzesauffassung finden wir heute vor allem die positivistische Lehre vom Naturgesetz als bloßer Beschreibung von Beobachtungsdaten. Das positivistische Ideal ist die größtmögliche Exaktheit in der Beschreibung der beobachteten Phänomene unter völligem Verzicht auf jeden Erklärungsversuch, sofern dieser über die unmittelbar zugänglichen Daten hinauszugreifen droht. Von daher ist klar, daß positivistisch verstandene Gesetze keinen Anspruch auf Notwendigkeit haben: Notwendigkeit läßt sich nicht beobachten und ist daher uninteressant für die (positivistische) Wissenschaft. Für den Positivisten ist die Frage, ob ein Naturgesetz notwendig sei, keine wissenschaftliche Frage – falls sie überhaupt Sinn hat, denn so wie alle Fragen nach dem Warum eines beobachteten Sachverhalts führt sie über das, was man dieser Meinung nach überhaupt wissen kann, hinaus. Diese prinzipielle Weigerung des Positivisten, die Phänomene erklären zu wollen, hat in ihrer Einfachheit methodisch sicherlich einiges für sich, doch sie muß philosophisch als unbefriedigend angesehen werden, denn mit dem Verzicht auf Welterklärung gibt der Positivist nicht nur die Erklärung, sondern auch die Welt selbst (als Einheit) preis – zugunsten einer bloßen Datensammlung. Das Wesen der Philosophie ist immer das Bestreben gewesen, die Welt, in der wir leben, zu verstehen. Insofern der Positivismus dieses Bestreben nicht teilt, ist er keine Philosophie, sondern eher eine Anti-Philosophie.

Whitehead muß aufgrund seiner philosophischen Prinzipien sowohl die positivistische als auch die oben skizzierte absolute Ansicht von Naturgesetzen ablehnen, denn beide Auffassungen entsprechen nicht dem rationalistischen Anspruch auf Kohärenz des Systems: Der Positivismus erkennt überhaupt kein System an, und die absolute Variante ist nicht kohärent im Sinne der Definition, weil sie die grundsätzliche Verbundenheit und wechselseitige Abhängigkeit aller Weltkomponenten nicht nachvollzieht. Nach Whitehead sind Naturgesetze keine den Dingen von außen aufgezwungenen und ihnen äußerlich bleibenden Verhaltensweisen, sondern der lebendige Ausdruck ihrer Wesensmerkmale. Das Gesetz ist den Dingen immanent: »Die Auffassung, nach der die Gesetze der Natur immanent sind, besagt, daß die Ordnung der Natur den Charakter der realen Dinge zum Ausdruck bringt, die gemeinsam alle jene Gebilde hervorbringen, deren Existenz sich in der Natur aufweisen läßt.« (AI, 236/142) Dies folgt notwendig aus der Whiteheadschen Konzeption von wirklichen Einzelwesen, die ja, wie wir gesehen haben, *innerlich* auf ihre wirkliche Welt bezogen sind. Über das Wesen eines wirklichen Einzelwesens zu sprechen bedeutet darum nichts anderes, als davon zu sprechen, wie es sich auf andere wirkliche Einzelwesen bezieht: Die Art seines Bezogenseins konstituiert sein Sein. Umgekehrt wird die Art des Bezogenseins durch das Sein der erfaßten wirklichen Einzelwesen bestimmt. Insoweit nun wirkliche Einzelwesen gemeinsame Wesensmerkmale aufweisen, zeigt sich auch eine Identität in ihren wechselseitigen Beziehungen hinsichtlich dieser Merkmale.

Da diese Identität zu ihrer eigenen Fortsetzung tendiert, bewahren bestimmte Beziehungsmuster so über lange Zeit Dominanz. Naturgesetze sind solche dominanten Muster:

»[...] diese Strukturidentitäten der wechselseitigen Beziehungen sind die Naturgesetze.« (ebd.)

Da es innerhalb des Systems keinen Grund gibt anzunehmen, daß ausnahmslos alle beteiligten wirklichen Einzelwesen dieselben Beziehungsmuster exakt wiederholen, haben die Gesetze der Natur keine absolute, sondern nur statistische Gültigkeit, was ziemlich genau den Ansichten der modernen Quantenphysik entspricht.[72] Weiterhin folgt, daß die Naturgesetze die Evolution des Universums nicht unbeschädigt überdauern können; wie die Welt sich verändert, so verändern sich notwendig ihre Gesetze: »[...] weil nach dieser Auffassung die Naturgesetze von individuellen Charakteristika der Dinge abhängig sind, die die Natur konstituieren, müssen sich bei Veränderungen dieser Dinge auch die Gesetze entsprechend ändern.« (AI, 237/143) Spätestens seit Veröffentlichung der Urknalltheorie hat auch dieser Punkt immer mehr an Wahrscheinlichkeit gewonnen. Dennoch hätte die Konzeption für sich allein genommen einen schwerwiegenden Mangel: Sie enthält nämlich einen Zirkel, weil die Naturgesetze einerseits ihren Grund im Wesen der ihnen unterworfenen Dinge haben, dieses Wesen aber andererseits wieder aus eben diesen Gesetzen hervorgehen soll.

Deshalb ist eine Ergänzung der Lehre in Gestalt einer unbeeinflußbaren Ordnungsvorgabe erforderlich, die erklärt, warum sich überhaupt bestimmte Ordnungsstrukturen entwickeln und abgrenzen können. Eine solche Vorgabe ist die uns schon bekannte uranfängliche Natur Gottes, die für eine Art prästabilierter Harmonie in abgeschwächter Form – als Überredung, nicht als Zwang – sorgt. Hartshorne spricht in diesem Zusammenhang von einer »strikten, doch hypothetischen Notwendigkeit«, der die Welt kraft des göttlichen Einflusses unterworfen sei.[73] Gemäß unserer Interpretation der göttlichen Überredung ist klar, daß Gott als Prinzip der Ordnung nicht nur dafür sorgt, daß es Naturgesetzlichkeiten gibt, sondern auch dafür, daß sie sich (eventuell) allmählich verändern, um schließlich neuen Gesetzlichkeiten Platz zu machen – was sich nicht widerspricht, da die bestehenden Naturgesetze selbst nur den vorläufigen Endpunkt in einer langen Kette von wechselnden Ordnungsstrukturen darstellen: »Der gegenwärtige Ordnungstyp in der Welt ist aus einer unvorstellbaren Vergangenheit hervorgegangen, und er wird sein Grab in einer unvorstellbaren Zukunft finden. Was verbleibt, ist die unerschöpfliche Sphäre abstrakter Formen und die Kreativität mit ihrem sich verschiebenden Charakter, der durch ihre eigenen Geschöpfe immer wieder neu bestimmt wird, und Gott, von dessen Weisheit alle Formen der Ordnung abhängen.« (RM, 119/145)

Gibt es nun eine Art kosmisches Ziel, auf welche die Schöpfung langsam, doch unaufhaltsam, zusteuert, wie es die Rede über die göttliche Überredung nahezulegen scheint? Whiteheads Antwort ist verblüffenderweise negativ: »[...] die Unermeßlichkeit der Welt [widerlegt] den Glauben, daß irgendein Zustand der Ordnung so eingerichtet werden kann, daß darüber hinaus kein Fortschritt mehr möglich wäre.« (PR, 214/169/111) Ein wichtiger Grund für diese Antwort ist sicherlich, daß die Forderung nach Kohärenz des Systems schon die Möglichkeit ausschließt, die Welt mit ihren metaphysischen Prinzipien habe einen Anfang in der Zeit, was Whitehead in einem Gespräch mit Johnson auch ausdrücklich bemerkt.[74] Wenn nun aber die Welt immer schon war, kann die Ordnung in ihr weder ständig zunehmen noch einer höchsten Ordnungsstufe entgegenwachsen; denn wäre dies so, müßte die Ordnung heute notwendig unendlich groß bzw. die höchste Stufe längst (eigentlich: immer schon) erreicht sein. Das bedeutet, daß die göttliche Überredung faktisch nicht nach einer *bestimmten* Ordnung strebt. Da sie aber gleichwohl ein Ideal konstituiert, muß sie doch nach irgendetwas streben, und wenn nicht nach einer bestimmten Ordnung, wonach dann?

Die Antwort ist, daß das Ideal der Schöpfung, das kosmische Ziel, in jedem einzelnen Moment die größtmögliche Intensität der Erfahrung für jedes wirkliche Einzelwesen ist. Eine gewisse Ordnung, also eine Einbindung in Naturgesetzlichkeiten, ist eine notwendige Voraussetzung für Tiefe der Erfüllung (»depth of satisfaction«), doch ebenso wichtig ist Veränderung und Neuheit, denn ein zu großes Maß an Ordnung erzeugt »flache« Erfahrungen. Das ist der »Kontrast zwischen Ordnung als Bedingung für Vortrefflichkeit und Ordnung als ein Moment, das die Lebensfreude (freshness of living) erstickt.« (PR, 605/514/338) Deshalb *muß* der Prozeß sich unendlich fortsetzen, weil jede mögliche Erfüllung des Ziels der Schöpfung immer die Schöpfung selbst als fortdauernd voraussetzt – so als sei dem Sisyphos jedesmal die konkrete Befriedigung vergönnt, seinen Felsen erneut ganz nach oben gerollt zu haben, bevor er von dort notwendig wieder hinunterrollt.

4. Voraussagbarkeit von Naturereignissen

Es ist für uns Menschen nicht gerade ungewöhnlich, Aussagen über die Zukunft zu treffen, denn das Zukünftige bildet einen wichtigen Bestandteil unseres Erlebens. Wir reden eigentlich fortwährend von dem, was morgen oder nächste Woche passieren wird oder könnte, und in den wenigsten dieser Aussagen konstatieren wir bloße Möglichkeiten, sondern wir erwarten das Eintreffen des Vorausgesagten einmal mit größerer und einmal mit geringerer Zuversicht, je nachdem, wie hoch wir die Wahrscheinlichkeit, daß das Vorweggenommene wirklich eintreffen wird, beurteilen. Es kommt uns ganz und gar nicht so vor, als säßen wir an einem großen Roulettetisch und setzten auf gut Glück auf eine beliebige Zahl des Rades, wenn wir über die unmittelbare Zukunft reden. Wenn uns jemand in vollem Ernst versicherte, er wisse genau, daß er niemals sterben werde, so würden wir im allgemeinen nicht zögern, ihn für verrückt zu erklären. Und wenn uns daraufhin jemand fragte, warum wir denn so vorschnell reagiert hätten, so würden wir wohl entgegnen: weil, so viel ich weiß, bislang noch *alle* gestorben sind, die gelebt haben, und es deshalb extrem unwahrscheinlich ist, daß irgendjemand in Zukunft *nicht* sterben wird. Wir schließen also mit größter Selbstverständlichkeit aus der Vergangenheit auf die Zukunft, genauer: aus dem schon Bekannten auf die Wahrscheinlichkeit des (noch) Unbekannten. Wir nennen dieses Vorgehen, das sowohl im täglichen Umgang mit der Welt als auch in der Wissenschaft von höchster Relevanz ist, induktives Schließen.

Wenn wir uns nun die – philosophisch notwendige – Frage stellen, unter welchen Voraussetzungen die Anwendung der Induktion überhaupt gerechtfertigt und was der Grund der angenommenen Wahrscheinlichkeit ist, kommen wir in eine gewisse Verlegenheit, zumindest dann, wenn wir Positivisten oder Absolutisten (hinsichtlich des Status der Naturgesetze) sind oder auch nur das Prinzip der einfachen Lokalisierung vertreten – denn wenn alles zu einem bestimmten Moment konkret Seiende in keiner Weise einen unmittelbaren Bezug zu irgendeinem anderen Seienden einer nachkommenden Zeit aufweist, ist jede Aussage über die Zukunft so wahrscheinlich wie jede andere. »Vorhersagbar an der Zukunft ist nur, was der Vergangenheit gleicht oder was aus Elementen, die denen der Vergangenheit gleichsehen, wieder zusammengesetzt werden kann«, sagt Bergson.[75] Die Hauptströmungen der traditionellen Philosophie sind daher nicht in der Lage, das Problem der Induktion zu lösen: »Die Theorie der Induktion bringt die Philosophie zur Verzweiflung – und doch beruhen alle unsere Tätigkeiten darauf.« (SMW, 37/23)

Daß der Positivismus, wenn er konsequent ist, bei diesem Problem versagen muß, ist klar: Wo Aussagen nur über das Beobachtete möglich sind, ist jede Aussage über die Zukunft als dem per definitionem noch nicht Beobachteten ohne Sinn.

Aber auch der philosophische Absolutismus fährt kaum besser, da er die Naturgesetze als Relationen begreift, die nichts über das Wesen der Relata aussagen und umgekehrt. Dies impliziert aber, daß in den Dingen selbst kein Grund für das Fortdauern einer bestimmten Ordnungsstruktur vorhanden ist. Anders gesagt: Gott könnte sich jeden Moment eines anderen besinnen, und welches Gesetz er auch immer verändert oder abgeschafft sehen wollte, es wäre mit einem Mal ungültig. Wir können nur auf Gott vertrauen und hoffen, daß er alles beim alten läßt (oder manchmal auch gerade nicht). In jedem Fall aber haben wir nicht die geringste Garantie, daß morgen wie jeden Morgen die Sonne aufgehen wird, denn selbst wenn wir Gottes Güte voraussetzten, blieben die Wege des Herrn doch unergründlich, ganz abgesehen davon, daß Gottvertrauen ohnehin nicht unbedingt der ideale Ausgangspunkt einer Wissenschaft ist. Es scheint deshalb, als könne das Verfahren der Induktion nur dann Kohärenz für sich beanspruchen und damit eine Rechtfertigung erlangen, wenn es irgendetwas im Heute gibt, das Aufschluß über das Morgen geben kann: »Entweder an dem unmittelbaren Ereignis ist etwas, das eine Erkenntnis der Vergangenheit und der Zukunft erlaubt, oder wir sind hinsichtlich Erinnerung und Induktion auf einen völligen Skeptizismus reduziert.« (SMW, 58/43f.)

Das aber ist nur denkbar unter der Annahme, daß die Naturgesetze den Dingen inhärent sind. Diese Annahme impliziert die Realität von inneren Relationen. Diese wurde im Rahmen des Systems bislang nur bezüglich der Existenz der Vergangenheit in der Gegenwart diskutiert, nicht jedoch bezüglich der Existenz der Zukunft darin. Vielmehr wurde gesagt, daß innere Relationalität sich gerade deshalb nicht selbst aufhebt, weil sie zeitlich asymmetrisch ist, insofern ein wirkliches Einzelwesen nur auf wirkliche Einzelwesen der Vergangenheit innerlich bezogen ist, äußerlich aber hingegen auf gleichzeitige und zukünftige wirkliche Einzelwesen (Kap. III.4).

Nun könnte man meinen, daß es erstens nur dann sinnvoll sein kann, die Zukunft hinsichtlich der Wahrscheinlichkeit ihrer möglichen Realisationen zu beurteilen, wenn sie in irgendeiner Weise in der Gegenwart enthalten ist, und daß zweitens eben dies in der organismischen Philosophie Whiteheads aufgrund des Prinzips der Externalität zukünftiger Ereignisse ausgeschlossen ist.[76] Beide Annahmen sind jedoch falsch. Damit Aussagen über die Wahrscheinlichkeit einer bestimmten Zukunft *metaphysisch* gerechtfertigt sind, genügt es, wenn das Prinzip der einfachen Lokalisierung in bezug auf die Zeit aufgegeben wird und die Vergangenheit als in der Gegenwart objektiv unsterblich begriffen wird. Hierbei ist es irrelevant, ob auch die Zukunft irgendwie in der Gegenwart erfaßt wird oder nicht, da notwendig jede Gegenwart einmal

Vergangenheit sein wird und somit der Fortbestand des in der Gegenwart Gegebenen für die Zukunft (in den Grenzen der Freiheit) gewährleistet ist.

Das Problem ist allerdings, daß wir nicht davon ausgehen könnten, *daß* die metaphysischen Prinzipien dergestalt sind, *daß* die Gegenwart in der Zukunft unsterblich sein wird, wenn unsere eigene objektive Unsterblichkeit nicht irgendwie Gegenstand unserer Erfahrung wäre. Und nicht zuletzt ist ja schließlich unsere eigene Erfahrung der Punkt, von dem die systembildende Methode der deskriptiven Verallgemeinerung ihren Ausgang zu nehmen hat und auf den sie auch ständig rekurrieren muß. Die Zukunft ist uns ja auch präsent, nur nicht in dem Sinne, daß wir bereits die noch nicht existenten wirklichen Einzelwesen der Zukunft wahrnehmen würden, denn die »Zukunft muß der Gegenwart [...] in einem Sinne immanent sein, der sich von der objektiven Unvergänglichkeit der vergangenen Vorgänge unterscheidet. Es gibt in der Gegenwart keine individuellen Vorgänge, die der Zukunft angehören.« (AI, 350/247) Unsere konkrete Erfahrung ist aber doch immerhin geprägt vom Bewußtsein des Einflusses, den wir auf unsere unmittelbare Zukunft ausüben werden. Technisch gesprochen ist die Empfindung der eigenen Unsterblichkeit ein wesentlicher Teil der Beschaffenheit *aller* wirklichen Einzelwesen:

»Es gehört zum Wesen dieses Subjekts, daß es in den Zustand der objektiven Unvergänglichkeit übergeht. Es folgt also unmittelbar aus seiner Konstitution, daß die Aktivität, in der es *sich selbst* bildet, in eine Aktivität übergeht, in der es *anderes* bildet.« (AI, 352/248).

»Das Seiner-selbst-Innewerden (self-enjoyment) eines Erlebnisvorgangs beginnt [...] mit dem Innewerden der in ihm fortlebenden Vergangenheit und endet mit dem Innewerden seiner selbst als eines in der Zukunft Fortlebenden. [...] [Aus seiner Konstitution folgt die] Notwendigkeit, daß es eine Zukunft gibt, und [die ...] Notwendigkeit, einen bestimmten inhaltlichen Betrag zur Wiederholung in den Anfangsphasen zukünftiger Vorgänge beizusteuern. Festzuhalten wäre hier vor allem, daß jeder individuelle Vorgang durch den schöpferischen Drang, der zu seinem Wesen gehört, transzendiert wird.« (AI, 352/249)

In der Gegenwart enthalten ist demnach erstens die Zukunft als zur Natur der Dinge gehörender allgemeiner Charakter des Universums und zweitens die Bedingtheit dieser Zukunft durch die gegenwärtige Tatsache. Nicht darin enthalten sind dagegen die zukünftigen wirklichen Einzelwesen in ihrer individuellen Beschaffenheit, in ihrem konkreten Sosein: »Was in der Gegenwart objektiv gegeben ist, ist die Notwendigkeit einer Zukunft, die aus realen Vorgängen (actual occasions) besteht, und zwar aus Vorgängen, die sich den Bedingungen anpassen, die ihnen im Wesen des gegenwärtigen Vorgangs vorgegeben sind.« (AI, 354/251)

Mit anderen Worten: Ich weiß, daß es eine Zukunft gibt und welcher Art die Zukunft sein *muß*, aber nicht, was sie *darüber hinaus* noch sein *kann* – und das ist unter Umständen ein sehr großer Bereich, der, sobald wir die unmittelbare Zukunft überschreiten und in der Zeit weiter und weiter nach vorne schauen, rapide wächst. Was wir aber gewonnen haben, ist ein unmittelbar zugänglicher Grund für die alltägliche Annahme, daß bestimmte Dinge, die heute gültig sind, auch morgen noch gültig sein werden (selbst wenn das Übermorgen noch im dunklen liegt) und daß die Ordnung der Natur (relativ) verläßlich ist. Die Möglichkeit der begrenzten Vorhersagbarkeit von Naturereignissen ist damit gewährleistet und das Vertrauen in (statistisch gültige) Naturgesetze gerechtfertigt.

VI. Die Theorie der Werte

1. Religion und Wissenschaft

Die größte Aufmerksamkeit findet Whitehead heute bei Naturwissenschaftlern[77] (I. Prigogine, D. Bohm, J. Needham) und Theologen[78], während die Philosophen seine Gedanken weitgehend ignorieren. Dennoch ist Whitehead den meisten Naturwissenschaftlern bis heute suspekt geblieben wegen der quasi-religiösen Inhalte seiner Philosophie, den Theologen aber wegen seiner im wesentlichen rationalistischen Haltung (und den Philosophen, weil er von beidem zu viel hat). Man könnte es so formulieren: Jede der zwei Gruppen scheint ihn für einen Doppelagenten zu halten – was zunächst einmal nur auf die Tatsache hinweist, daß Religion und Wissenschaft sich zumeist als Rivalen im Hinblick auf das Verständnis der Wirklichkeit begreifen und sich gegenseitig die Relevanz ihrer jeweiligen Erkenntnisse aberkennen. Gewöhnlich beanspruchen beide wahre Einsicht in die Beschaffenheit der Welt. Es ist richtig: Manchmal gibt es religiöse Wissenschaftler oder auch wissenschaftlich interessierte Theologen, doch stehen bei ihnen oft die zwei Seiten ihrer Persönlichkeit unversöhnt nebeneinander, so daß zwar sowohl Religion als auch Wissenschaft vor dem Gericht der Vernunft ihre Ansprüche mit Überzeugung vorbringen können, beider Selbstverständnis aber eine Entscheidung oder gar eine Vermittlung verhindert.

Nach Whitehead ist es eine der wesentlichsten Aufgaben der Philosophie, diese zwei Wege der Wirklichkeitserfahrung in ihren eventuellen Gültigkeitsansprüchen zu bestätigen und in einer kohärenten Weltkonzeption zu vereinen: »Die Philosophie befreit sich durch ihre enge Beziehung zur Religion sowie zu den Natur- und Gesellschaftswissenschaften von dem Makel der Ineffektivität. Sie gewinnt ihre Bedeutung hauptsächlich daher, daß sie die beiden, nämlich Religion und Wissenschaften, zu einem rationalen Denkschema verschmilzt.« (PR, 53/23/15) Whitehead zufolge konzentrieren sich Religion und Wissenschaft auf unterschiedliche Aspekte der Wirklichkeit, so daß die eine ohne die andere nur einen Teil der Welt beschreibt und erst beide zusammen ein vollständiges Bild ermöglichen. Religion und Wissenschaft stehen somit in einem Verhältnis der Komplementarität. Während die Wissenschaft sich mit den Gegenständen (oder dem Was) unserer Erfahrung auseinandersetzt, beschäftigt sich die Religion mit dem Subjekt (oder dem Wie) der Erfahrung: »Die Religion beschäftigt sich mit der Struktur des erfahrenden Subjekts; wohingegen die Wissenschaft von den Objekten handelt, die als Daten die primäre Phase in dieser Erfahrung bilden.« (PR, 54/24/16)

Anders gesagt: Die Wissenschaft schaut auf das, was ein wirkliches Einzelwesen für andere ist, die Religion auf das, was es für sich selbst ist. Der Unterschied besteht darin, daß ein wirkliches Einzelwesen für andere zunächst einmal nur eine Tatsache ist, für es selbst aber immer schon ein Wert: »Das Sein gründet in der Empfindung von ›Wert‹.« (MT, 109) Selbstwertgefühl ist ein wesentliches Moment unserer Erfahrung und als solches grundlegend für die Be*wert*ung der Welt. In der Selbsterfahrung des Subjekts wurzeln die Generalisierungen des Schönen, Wahren und Guten, die unseren Blick auf die Welt bestimmen: »Das Moment des religiösen Bewußtseins geht vom Selbstwertgefühl aus, aber es erweitert sich zum Begriff der Welt als einer Sphäre geordneter Werte, die einander wechselseitig intensivieren oder zerstören.« (RM, 48/49) Die Analyse des Ursprungs und der Beschaffenheit von Werten sowie ihrer Beziehung zueinander und zur weltlichen Faktizität ist der Gegenstand dieses abschließenden Kapitels.

2. Die Werthaftigkeit der Existenz

Die Kampfansage an einige der die traditionelle Philosophie bestimmenden Dogmen, die sich in Form einer schwarzen Liste im Vorwort zu *Prozeß und Realität* (PR, 24/VIII/XIII) findet, richtet sich unter anderem auch gegen die »Lehre von der qualitätslosen Wirklichkeit« (doctrine of vacuous actuality), wie schon in Kap. III.1 ausgeführt wurde. Wenn Whitehead hier von »vacuity« spricht, dann meint er, wie aus dem Gesamtkontext klar wird, soviel wie Wertlosigkeit. Wogegen Whitehead sich wendet, ist eben jene, die allgemeine Praxis kennzeichnende, Entwertung der Wirklichkeit, die eine gänzliche Sinnentleerung der Welt zur Folge hat und so jeglichen Versuch zu deren rationaler Durchdringung schon von vornherein zum Scheitern verurteilt: »Wenn wir zu einer in Einzelheiten ausgearbeiteten Metaphysik kommen wollen, die uns erklärende Einsichten vermittelt, müssen wir zuerst den Begriff der wertfreien, leeren Existenz aufgeben. Diese Art von Leere ist eine Eigenschaft von Abstraktionen, und es ist ganz falsch, wenn man sie in den Begriff vom fundamental wirklichen Ding, vom realen Vorgang (actuality) einzuführen versucht.« (FR, 28/24) Der Charakter der Wirklichkeit ist vielmehr derart, daß jede elementare Wirklichkeit (»ultimate actuality«), jede *res vera*, notwendig subjektive Unmittelbarkeit (vgl. PR, 75/43/29) besitzt. Diese geht deren objektiver Unsterblichkeit nicht nur zeitlich, sondern auch als Bedingung voraus.

Ein wirkliches Einzelwesen ist etwas für sich selbst, bevor es für andere ist, und es kann nur deshalb etwas für andere sein, weil es etwas für sich selbst war. Wenn Whitehead sagt: »Es gibt in der realen Welt nichts, was lediglich eine ganz inerte Tatsache wäre« (PR, 558/472/310), dann bedeutet das, daß Werthaftigkeit der Wirklichkeit absolut wesentlich ist und nicht etwa vom Menschen nachträglich irgendwie hinzugefügt wird, wie üblicherweise unterstellt wird. Die Trennung zwischen Tatsachen und Werten ist somit eine Abstraktion, die zweifellos ihre methodische Berechtigung besitzt, aber irreführend ist, wenn sie für metaphysisch absolut genommen wird.

Die Naturwissenschaften ignorieren die wesentliche Werthaftigkeit der Wirklichkeit, die sich uns ständig und auf Ebenen, die tiefer als die reine Sinneswahrnehmung liegen, mitteilt — und das nicht ohne Grund, denn der Wissenschaftler begreift sich selbst als einen unbeteiligten Beobachter: Das Auge ist sein bevorzugtes Instrument. Die Unbeteiligtheit ist kennzeichnend für den Wahrnehmungsmodus der vergegenwärtigenden Unmittelbarkeit, den Modus, in dem sich die gleichzeitige Welt für ein wirkliches Einzelwesen realisiert (Kap. III.4). Die Welt zeigt sich darin als ein passives Beziehungsgefüge von Qualitäten und nicht als das, was sie *wirklich* ist, nämlich eine Mannigfaltigkeit von zusammenwachsenden Individualitäten, die aufgrund ihrer Subjektivität in sich werthaft sind:

»Die gleichzeitigen Regionen [...] werden hauptsächlich unter dem Aspekt der passiven perspektivischen Beziehungen wahrgenommen, die sie untereinander und zum Wahrnehmenden haben. Sie werden also lediglich als die passiven Träger der in der Sinneswahrnehmung mit ihnen assoziierten Qualitäten wahrgenommen. Daher die falsche Vorstellung von einem Substrat, dem die Eigenschaften auf eine gleichsam leere Weise inhärieren. Wobei ›leer‹ hier soviel bedeuten soll wie ›frei von allem individuellen Selbstgefühl, das sich schon aus dem bloßen Faktum der Verwirklichung in diesem Kontext ergeben könnte‹. Mit anderen Worten: Das Substrat mit dem Komplex der ihm inhärierenden Qualitäten wird hier fälschlicherweise als bloße Realisierung vorgestellt, ohne jedes Eigen- und Selbstgefühl (devoid of self-enjoyment), d. h. ohne inneren Wert (intrinsic worth). Und das ist der Grund, warum man zu einer falschen Metaphysik kommt, wenn man sich ausschließlich an die Sinneswahrnehmung hält: ein Irrtum, der nur einem hohen Grad von Intellektualität entspringen konnte. Die instinktiven Interpretationen, die das menschliche und tierische Leben gleichermaßen lenken, setzen dagegen eine gleichzeitige Welt voraus, die voll von der Aktivität energieträchtiger Werte ist (throbbing with energetic values).« (AI, 390f./281f.)

Die prinzipielle Werthaftigkeit der Existenz zeigt sich in der Erfüllung eines wirklichen Einzelwesens, denn jede Erfüllung ist in erster Linie eine ästhetische Errungenschaft (»aesthetic attainment«): Mit der Erfüllung schließt ein wirkliches Einzelwesen den Prozeß seines Entstehens so ab, daß jedes Element, das für sein Werden eine Rolle gespielt hat, darin einen eindeutig bestimmten Platz einnimmt. In der Erfüllung demonstriert ein wirkliches Einzelwesen seine Einheit, weil all seine Bestandteile miteinander »harmonieren«, und es selbst ist eigentlich nichts anderes als die Harmonisierung seiner wirklichen Welt. Harmonie ist ein ästhetisches Faktum, das eine durchgängige Bestimmtheit voraussetzt. Abgesehen von Bestimmtheit, von Abgrenzung und Ausgrenzung, gäbe es nichts Wertvolles, weil alles eins und nichts errungen wäre, so wie es auch nichts Seiendes gäbe, weil alles wirklich

Seiende ein so und nicht anders Seiendes ist: »Wert ist das Ergebnis der Begrenzung« (SMW, 114/94), und »Begrenzung« ist das Wesen der Wirklichkeit, darum haben Tatsächlichkeit und Werthaftigkeit der Welt dieselbe Wurzel: »In die Textur der Realisierung ist ästhetische Vollendung einbezogen.« (SMW, 115/94)

Die Werthaftigkeit der Existenz meint nicht, daß alle wirklichen Einzelwesen *denselben* Selbstwert besitzen, vielmehr sind wirkliche Einzelwesen nur deshalb überhaupt als Werte beschreibbar, weil ihre jeweiligen Erfüllungen nicht in demselben Maße Wert realisieren. Wären alle errungenen Werte gleich, gäbe es keine Werte. Wertigkeit verlangt nach Differenz: Die totale Indifferenz ist ein Kennzeichen der entwerteten Welt der wissenschaftlichen Sichtweise. Wirkliche Einzelwesen sind darum immer *mehr oder weniger* »wertvoll« (valuable), gerade weil ihnen Werthaftigkeit wesentlich eignet. Die im Selbstwerdungsprozeß erreichte Einheit des Empfindens konstituiert zwar den grundsätzlichen Selbstwert eines wirklichen Einzelwesens, doch nicht jede faktisch errungene Einheit ist die optimale Einheit. Es kann durchaus sein, daß es eine Form der Einheit für es hätte geben können, die eine intensivere Empfindung der eigenen Subjektivität, und damit das Erzielen eines höheren Wertes, bedeutet hätte. Dies setzt allerdings die grundsätzliche Freiheit wirklicher Einzelwesen und das Vorhandensein einer optimalen Einheit bzw. eines Maßstabs des Optimalen voraus. Die Freiheit ist in den von der zu erfassenden wirklichen Welt gesetzten Grenzen da, und das Maß der optimalen Einheit ist das göttliche Ideal. Ein wirkliches Einzelwesen realisiert einen umso höheren Wert, je stärker die Anlehnung an das von Gott gegebene subjektive Ziel ist. Darüber hinaus unterscheiden sich wirkliche Einzelwesen durch den Umfang der Freiheit voneinander, der ihnen überhaupt zugänglich ist (Kap. V.2). Je größer die Freiheit, die einem wirklichen Einzelwesen gegeben ist, desto intensiver ist die Empfindung der Eigenwertigkeit und desto höher ist der realisierte Wert.

Die so begriffene Welt, »von tätigen Werten pulsierend«, ist der menschlichen Erfahrung durchaus zugänglich, auch wenn sie in der – nur die Oberfläche der Dinge berührenden – Klarheit der Sinneswahrnehmung nicht erfaßt wird. Sie teilt sich uns aber im Wahrnehmungsmodus der kausalen Wirksamkeit mit und ist die Grundlage, auf der all unsere Gefühle der Abneigung und Zuneigung, des Beifalls und des Mißfallens, alle im allgemeinsten Sinne ästhetischen und moralischen Empfindungen, beruhen. Das erste aber sind die ästhetischen Empfindungen, und alle moralischen Empfindungen leiten sich von ihnen ab. Darum läßt sich die Annäherung an den höchsten Wert als dem ewigen Ideal der Wirklichkeit am ehesten mit dem Begriff der Schönheit bezeichnen.

3. Schönheit

Schönheit ist zunächst einmal nichts anderes als die Realisierung der optimalen Einheit im Werden eines beliebigen wirklichen Einzelwesens. In diesem Sinne ist ein Ding schön, wenn es so gut geworden ist, wie es ihm möglich war, und so eine Art »relativer Vollkommenheit« besitzt. Aus zwei Gründen ist der Begriff des Guten nicht geeignet, diese Qualität des wirklich Seienden zu bezeichnen. Erstens ist er zu sehr mit dem Bereich der Moralität verbunden, und Moralität ist nur im makroskopischen, nicht aber im mikroskopischen Bereich des Prozesses von Bedeutung. Das Gute bezeichnet die Schönheit im gesellschaftlichen Raum, doch die Schönheit ist der umfassendere Begriff – so wie wir eine (moralisch) schlechte Handlung auch häßlich, eine gute auch schön nennen, nicht aber umgekehrt das Schöne wegen seiner Schönheit auch gut. Es gibt vielerlei Arten der Erfüllung, die in ihrer Schönheit jede Klassifizierung in Gut und Böse transzendieren, was nicht bedeutet, daß das definitiv moralisch Schlechte schön sein kann. Ebenso kann die Erfüllung auch das nur sinnlich Schöne transzendieren. Lawrence macht auf die griechische Unterscheidung zwischen »to kállos« und »to kalón« aufmerksam.[79] Während ersteres das sinnlich Schöne meint, meint letzteres immer auch das sittlich Schöne mit. Der Whiteheadsche Begriff der Schönheit ist eher dem »kalón« nachgebildet.

Ein weiterer Grund für die Bevorzugung der ästhetischen Metapher ist ihre spezifisch emotionale Qualität, die dem Begriff des Guten abgeht, oder besser: ihm vorangeht, denn das Gute existiert als relevantes Moment nur in der Erfahrungseinheit komplexer wirklicher Einzelwesen und ist nicht von der konkreten Empfindung abzusondern – es gibt keine »Moralität in einem Vakuum«:

»[...] das moralische Element [ist] aus den übrigen Faktoren der Erfahrung abgeleitet, weil es sonst ja keinen Inhalt gäbe, den sich das Pflichtgefühl zum Gegenstande machen könnte. Es kann keine Moralität im Vakuum geben. Die Primärfaktoren der Erfahrung sind also zunächst die animalischen Strebungen (animal passions), wie Liebe, Sympathie, Kampflust und ähnliche Begierden und Befriedigungen, und danach dann die spezifisch menschlichen Erlebnisse des Schönen und der bewußt genossenen intellektuellen Präzision (intellectual fineness) – wobei unter dieser ›intellektuellen Präzision‹ etwas Umfänglicheres zu verstehen ist als die ›Wahrheit‹, von der man in diesem Zusammenhange meist zu sprechen pflegt. Wenn einem die delikate Aufgabe gelingt, verschiedene Gedanken untereinander zu adjustieren, hat diese Leistung etwas Großartiges an sich, das von der bloßen und direkten Frage nach der Wahrheit völlig unabhängig ist. Man könnte hier wohl von ›Schönheit‹ reden; aber die intellektuelle Schönheit ist doch nur Schönheit in einem metaphorischen Sinn, ganz gleich, wie sehr man sie mit den Prädikaten rühmen mag, die bei der sinnlich wahrnehmbaren Schönheit zutreffend sind. Und das Gleiche gilt auch für die moralische Schönheit. Alle drei aber haben Anteil am höchsten Ideal der Befriedigung, das in dieser Welt realisierbar ist; und in diesem Sinne könnte man von einer Schönheit sprechen, die den Eros des Universums endgültig erfüllt.« (AI, 89f./12f.)

Das von Whitehead mit dem Wort *Schönheit* bezeichnete Moment der konkreten Erfahrung umfaßt also sinnliche, moralische und intellektuelle Schönheit – und ist doch mehr als diese. Eine so verstandene Schönheit, definiert als »das höchste für die wirkliche Realisation mögliche Ideal der Erfüllung«, besteht selbst dann, wenn sie nicht wahrgenommen wird, denn die bloße Existenz der Schönheit bedarf nicht des Menschen oder eines hochentwickelten Bewußtseins, sondern ist ein Ausdruck des Wesens der Dinge, wie sie an sich selbst sind.

Doch ist die Schönheit des einzelnen nicht nur für sich selbst da. Die grundsätzliche Werthaftigkeit der Existenz und die Schönheit als ihre Vervollkommnung haben darüber hinaus Bedeutung für andere wirkliche Einzelwesen und für das Ganze, dessen Teil sie sind. Die Welt zeigt sich uns in unserer Erfahrung als für sich selbst seiend und verbannt dadurch alle solipsistische Spekulation in das Reich der philosophischen Verirrung. Die ästhetische Signifikanz der wahrgenommenen Welt ist es, die uns die Dinge in ihrer Eigenwertigkeit als von uns verschieden enthüllt: »[...] das Bewußtsein, *eine* Wirklichkeit in einer Welt von Wirklichkeiten zu sein, ist das Geschenk ästhetischer Signifikanz. Diese Erfahrung behauptet eine Relevanz jenseits der endlichen Unmittelbarkeit jedes einzelnen Erfahrungsereignisses.« (MT, 120f.)

Demnach gibt es eigentlich kein wirkliches Ereignis, und erst recht kein menschliches, das sich von dieser Erfahrung der Außenwelt als Außenwelt ausnehmen lassen könnte. Wer das dennoch für sich in Anspruch nimmt, verfällt entweder einer Selbsttäuschung, die ihren Ursprung in der Abstraktheit philosophischer Formeln hat oder aber ist buchstäblich nicht mehr Herr seiner Sinne. So ist auch die folgende lapidare Bemerkung Whiteheads dazu zu verstehen: »Wenn das Ereignis diese Bedeutung nicht bewußt erkennt – umso schlimmer für dieses Ereignis.« (ebd.)

Doch haben die Tatsachen der Welt nicht nur für sich selbst und für andere einen Wert, sondern auch für die Ganzheit als Drittes. Die grundsätzliche Werthaftigkeit der einzelnen Dinge wird empfunden als gründend in ihrer potentiellen Teilhabe an etwas, das über ihre jeweilige Individualität hinausgeht, das alles Werden begleitet und nichts ausläßt: Dies ist das göttliche Ideal oder die uranfängliche Natur Gottes. Außerdem wird die Realisierung oder Nichtrealisierung eines bestimmten Wertes, die Errungenschaft von Schönheit als vollkommener Harmonie oder ihr Gegenteil, eben die tatsächliche Ausprägung von allgemeiner Werthaftigkeit, als fortdauernd empfunden. Das einzelne geht nicht in der unfaßlichen Größe des Universums verloren, sondern lebt in der Folgenatur Gottes fort, die nichts anderes als die unendliche Bewahrung der realisierten Werte in der lebendigen Einheit des Universums ist:

»Es gibt eine Einheit im Universum, die Werte erlebt und (durch ihre Immanenz) teilt. Nehmen wir zum Beispiel die subtile Schönheit einer Blume auf irgendeiner abgelegenen Lichtung eines Urwaldes. Kein Tier hat jemals die Feinheit der Erfahrung besessen, ihre volle

Schönheit zu erleben. Und doch ist diese Schönheit eine großartige Tatsache im Universum. Wenn wir die Natur überblicken und daran denken, wie flüchtig und oberflächlich das tierische Erleben ihrer Wunder immer gewesen ist, und wenn wir erkennen, wie unfähig die einzelnen Zellen und Regungen jeder Blume sind, die Gesamtwirkung zu erleben – dann erwacht in unserem Bewußtsein unser Sinn für den Wert der Einzelheiten für die Gesamtheit. Dies ist die Ahnung des Heiligen, die aller Religion zugrunde liegt.« (MT, 119f.)

Die Schönheit des einzelnen geht in die Schönheit des Ganzen über und potenziert sich darin, wenn die Harmonie der Elemente sich aus dem mikroskopischen Bereich der Erfüllung wirklicher Einzelwesen heraus in den makroskopischen des Zusammenwirkens von Gesellschaften fortsetzt. Die sich mit zunehmender Komplexität des Erfahrungsfeldes immer noch steigernde Harmonie der sich uns offenbarenden natürlichen Welt läßt uns uns selbst als Teile von oder Stufen auf dem Wege zu einer noch umfassenderen Schönheit begreifen, auf die sich das Universum gemäß dem uranfänglich bestimmten subjektiven Ziel der Selbstwerdung Gottes zubewegt: »Die Teleologie des gesamten Universums ist auf das Hervorbringen von Schönheit ausgerichtet.« (AI, 462/341) Die Schönheit gewinnt so den Charakter des Heiligen.

Doch nicht alles in der Welt ist schön, es gibt häufig extreme Brüche, und vieles besitzt eine Art metaphysischer Häßlichkeit, angesichts derer wir uns mit Abscheu oder Furcht abwenden. Auch gilt zwar, daß es nichts Gutes geben kann, das nicht die Realisierung von Schönheit beinhaltet, aber das heißt nicht unbedingt, daß jede Realisierung von Schönheit auch gut wäre. Es gibt etwas in der Welt, das wir die Erfahrung des Bösen nennen können, die zu erklären und mit dem göttlichen Ziel der Schönheit zu vereinbaren gelingen muß, wenn das System adäquat im Sinne des spekulativen Ansatzes sein soll.

4. Formen des Bösen

Das Böse hat bei Whitehead viele Gesichter. In *Wissenschaft und moderne Welt* wird es zunächst einmal als die Weigerung eines entstehenden wirklichen Einzelwesens bestimmt, dem göttlichen Ideal zu folgen. Das Böse entsteht demnach (gemäß der Interpretation in Kap. V.2), wenn die Freiheit sich gleichsam selbst verleugnet und in das Joch der kausalen Wirksamkeit einspannen läßt: »Das Böse ist die nackte Triebkraft der zersplitterten Zwecksetzung, die nichts mit der zeitlosen Vision gemein hat (disregarding the eternal vision).« (SMW, 222/192) Diese Form des Bösen ist der Preis der Freiheit in der Welt. Böse in einer anderen Hinsicht ist dagegen die gegenseitige Hemmung (»inhibition«) von Elementen der Empfindung eines wirklichen Einzelwesens. Dies meint nicht den Ausschluß zeitloser Gegenstände von der komplexen Erfahrung durch negative Erfassungen, sondern die Minderung der Relevanz von zwei positiv erfaßten Faktoren (oder einem von beiden) aufgrund ihrer gegenseitigen Abträglichkeit: »Es ist dies ein Fühlen des Übels in seinem allgemeinsten Sinne, sei es ein physischer Schmerz oder ein psychisches Übel, wie Kummer, Abscheu oder Entsetzen. Diesen Typ der Hemmung will ich als ›ästhetische Destruktion‹ bezeichnen.« (AI, 449/330)

Die subjektive Erfahrung von ästhetischer Zerstörung nennt Whitehead »diskordante Empfindungen« (discordant feelings). Diese umfassen alles im weitesten Sinne Schmerzartige und sind für ein entstehendes wirkliches Einzelwesen meist unabweisbar, wenn das Datum der Erfahrung eine Vermeidung der ästhetischen Zerstörung im erfassenden Subjekt durch negative Erfassungen nicht zuläßt. In diesem Fall heißt das betreffende Datum »objektiv dissonant« (objectively discordant): »Eine komplexe Gegebenheit soll ›objektiv dissonant‹ heißen, wenn sie bei dem in Frage kommenden Typ von Wahrnehmungssubjekten normalerweise zu dissonantem Fühlen führen wird.« (ebd.) Je intensiver die Diskordanz empfunden wird, desto stärker ist die Beeinträchtigung der Vollkommenheit der Erfüllung, d.h. der Realisierung von Schönheit, desto größer also die Erfahrung des Bösen.

Ein Grund für die objektive Diskordanz des Datums einer bestimmten Erfahrung ist die aus der Abweisung des göttlichen Ideals resultierende kreatürliche Freiheit zur Unfreiheit (der Urgrund des sittlich Bösen). Ein weiterer Grund aber ist die grundsätzliche Endlichkeit jeder Form der Vollkommenheit, denn die Begrenztheit der Existenz schließt notwendig die objektive Diskordanz verschiedener Realisierungen von Schönheit ein: Zwei wirkliche Einzelwesen, die jedes für sich dem höchsten Ideal ihrer Verwirklichung entsprechen, können gleichwohl in ihrer Gemeinsamkeit einen ästhetischen Widerspruch beinhalten: »[...] es gibt keine Vollkommenheit, die die Unendlichkeit aller übrigen Vollkommenheiten in sich enthalten könnte.« (AI, 450/330) Realisierung von Schönheit an einem beliebigen Punkt des Universums, an sich gut, kann darum in einem größeren Zusammenhang auch ebenso böse sein, und zwar dann, wenn dadurch die weitere Realisierung von Schönheit in anderen wirklichen Einzelwesen verhindert oder eingeschränkt wird (vgl. AI, 462/341).

Neben der objektiven Diskordanz des anfänglichen Datums finden wir bei wirklichen Einzelwesen mit einem ausgeprägten geistigen Pol häufig eine – von Whitehead nicht explizit erwähnte – eher subjektive Diskordanz, deren Ursache in der Integration begrifflicher Umkehrungen, der Ausführung der Kategorie der Umwandlung oder in beiden zusammen zu suchen ist. Die ästhetische Zerstörung äußert sich dann als ein Schmerz von ausschließlich geistiger Natur. Wenn ich etwa anfange, mir Sorgen zu machen wegen irgendetwas, dann ist dies eine positive Empfindung ästhetischer Zerstörung, die in den seltensten Fällen eine notwendige Folge des mir gesetzten Datums, das meine körperlichen Erfassungen bedingt, ist: Ein anderer an meiner Stelle würde sich in derselben Situation vielleicht keine Sorgen machen und völlig unbekümmert bleiben. Es scheint allerdings, daß nur Menschen sich so um etwas sorgen können, wie ich es tue. Der Grund dafür ist, daß die notwendige Bedingung der Möglichkeit solcher und ähnlicher Diskordanzerfahrungen für ein wirkliches Einzelwesen die starke Dominanz des Wahrnehmungsmodus der vergegenwärtigenden Unmittelbarkeit in seinem Erleben ist.

Whitehead erzählt an einer Stelle (vgl. MT, 77f.), wie er einmal das leicht verwirrte Verhalten einer Eichhörnchenmutter nach der erfolgreichen Umsiedlung ihrer drei Jungen beobachtete, die zwischen altem und neuem Nest mehrmals hin und her lief, bevor sie sich endlich mit dem Ergebnis zufrieden gab. Whitehead deutet diese Beobachtung folgendermaßen: Eichhörnchen können nicht zählen. Die Mutter wußte einfach nicht, wieviel Junge sie hatte, und nur *wenn* sie es gewußt hätte, hätte sie Befriedigung über die vollbrachte Tat oder – im Fall des Verlustes eines der Jungen – Schmerz empfinden können: »So hängt das Aufkommen des Guten und des Bösen im deutlichen Erleben von der Kenntnis exakter Formen der Begrenzung ab. Unter diesen Formen nimmt die Zahl einen hervoragenden Platz ein.« (MT, 78)

Exakte Formwahrnehmung ist nur in der Erscheinung (vgl. Kap. III.7) möglich. Der Mensch ist unter den Tieren dasjenige, bei dem die Regionen definierende und die Mannigfaltigkeit der Details in den Hintergrund rückende Erscheinung am ausgeprägtesten ist. Die Erscheinung verhindert, daß die chaotische Massivität der zur Verfügung stehenden Daten die Intensität der individuellen Erfahrung beeinträchtigt. Sie vernachlässigt die Varianz der Daten zugunsten der Identitäten: »Die Erscheinung kombiniert Kompaktheit mit Intensität, indem sie die unterschiedlichen Objekte zu einer Einheit zusammenfaßt (by unifying the diversities of objects).« (AI, 456/336) Die Folge ist die Unterstützung von diskordanten Empfindungen wie Sorge oder Verlustschmerz. Die Folge ist aber auch die Unterstützung von höheren Formen der Vollkommenheit, von tiefster Zufriedenheit und Mutterglück: »Sie erhält Intensität und Kompaktheit, indem sie – im Guten wie im Schlechten – ein besonders starkes Erleben affektiver Tönungen hervorruft. Der höchste Gipfel der Schönheit wird durch sie ebenso ermöglicht wie der tiefste Abgrund der Schlechtigkeit, weil sie beide vor den zahmen Reaktionen des Abdämpfens oder der Elimination bewahrt.« (ebd.)

Die Möglichkeit der Erfahrung der Schönheit ist also untrennbar mit der Möglichkeit der Erfahrung des Bösen verknüpft. Nur wer der tiefsten Trauer fähig ist, ist auch des höchsten Glückes fähig. Man mag dies menschliche Tragik nennen, doch wäre es voreilig, sein Schicksal angesichts dieser Verknüpfung zu verfluchen, schätzen wir doch auch die tiefste Trauer in gewisser Hinsicht als Wert an sich selbst. Wer zöge nicht unter normalen Umständen, wenn er die Wahl hätte, das Leben eines Menschen dem Leben eines Eichhörnchens vor? Und beneiden wir etwa den, der nicht in der Lage ist, sich um irgendetwas in der Welt zu bekümmern, um seine Fühllosigkeit? John Stuart Mill bemerkte einmal, daß es besser sei, »ein unzufriedener Mensch zu sein als ein zufriedenes Schwein; besser ein unzufriedener Sokrates als ein zufriedener Narr«,[80] denn auch die Trauer und das Unglück sind starke Gefühle, sind Formen des intensiven Erlebens, die uns als solche wertvoll sind.

Im Leiden leben wir, während wir in der Abwesenheit von Gefühl sterben, weil wir gleichsam uns selbst zu verlieren beginnen. So gibt es neben dem Bösen der ästhetischen Zerstörung und dem Bösen der Abweisung des göttlichen Ideals als drittes das Böse der Trivialität, das unser Erleben in Indifferenz ersterben läßt (»a tame scaling down«). Selbst die Vollkommenheit der Erfüllung nutzt sich ab und büßt ihre Schönheit ein, wenn keine neuen Aspekte hinzukommen und nur das Alte sich ständig wiederholt. Die ewige Wiederholung des Gleichen mag für manche Philosophen ihre Reize haben – für die meisten Menschen ist sie ein Alptraum. Der Schluß hieraus ist, daß – ähnlich wie wir vorhin sagten, daß die Schönheit, obschon für sich allein genommen immer gut, nicht immer gut ist, wenn man ihre Folgen in Betracht zieht – wir nun sagen müssen, daß ästhetische Zerstörung für sich allein genommen zwar der Inbegriff des Bösen ist, aber doch ebenso die notwendige Bedingung ästhetischer Vollkommenheit, insofern diese einer ständigen Erneuerung bedarf, um zu bleiben, was sie ist. Das Gute gibt es nur, *weil* es das Böse (der Diskordanz oder ästhetischen Zerstörung) gibt. Das Böse der Diskordanz ist somit eine Unvollkommenheit, deren positiver Wert darin liegt, daß sie den Weg zu neuen Vollkommenheiten bereitet: »[...] der Beitrag zur Entfaltung der Schönheit, den dieser – in sich selbst destruktive und schlechte – Widerstreit leisten kann, ist ein positives Fühlen, in dem sich unser Streben plötzlich von der Schalheit einer verbrauchten Vollkommenheit auf ein noch frisches Ideal verlagert. Dieser am Dissonanten auftauchende Wertaspekt ist ein Tribut an die Verdienste des Unvollkommenen.« (AI, 450/330)

In einem erfüllten Leben halten sich Diskordanz und Konformität gegenseitig die Waage. Ohne Diskordanz erstickt alles Leben in Trivialität. Ohne Konformität ist jede Realisierung von Wert schon im Moment der Realisierung für die nachkommende Welt verloren. Das Böse liegt in der Erneuerung, die keine Stabilität erlangt, und es liegt auch in der Stabilität, die keine Erneuerung erfährt, und nur wo beides im richtigen Verhältnis da ist, kann Schönheit auf lange Sicht erlangt und gewahrt werden. Doch selbst dann, wenn es gelingt, das für die Aufrechterhaltung der Erfahrungsintensität notwendige Gleichgewicht herzustellen, ist damit das grundsätzliche Übel nicht aus der Welt geschafft. Es gibt eine Form des Bösen in der Welt, die nicht an ein konkretes Hier und Jetzt gebunden ist und die die Besonderheit jeder Relation transzendiert. Das Grundübel der Wirklichkeit ist das Verlorensein des Vergangenen, das Verlieren des Bestehenden, ist der Fluß der Zeit, der alles mit sich reißt.

Wirklichwerdung ist immer eine Auswahl der (in der wirklichen Welt) vorhandenen Möglichkeiten. Nicht alles kann gerettet werden, weil es sonst nichts Neues gäbe. Die Voraussetzung des Lebens ist das Sterben, weil der Prozeß nur schöpferisch sein kann, wenn er vernichtet:

»Das elementare Übel in der zeitlichen Welt ist tiefer als irgendein spezifisches. Es liegt in der Tatsache, daß die Vergangenheit schwindet, daß Zeit ein ›ein stetiges Vergehen‹ ist. Objektivierung bringt Eliminierung mit sich. Die gegenwärtige Tatsache hat die vergangene nicht in vollständiger Unmittelbarkeit bei sich. Der Prozeß der Zeit hüllt die Vergangenheit in den Schleier des ausgeprägten Empfindens.« (PR, 609/517/340)

Die eigentliche Tragik des Lebens besteht darin, daß etwas desto eher verloren zu gehen scheint, je mehr individuelles Gewicht es besitzt, d.h. je stärker die Intensität seiner Existenz und damit seine Eigenwertigkeit ausgeprägt ist. Offenbar lassen sich gerade Daten, die einen hohen Grad an Eigenständigkeit aufweisen, nur schwer miteinander verbinden und neigen zur Diskordanz: »Das Übel der Welt liegt darin, daß Elementen, die hinsichtlich ihrer Übertragung durchsichtig sind, an sich selbst nur geringe Bedeutung zukommt; und daß Elemente mit individueller Bedeutung einen Mißklang bilden, der die lebhafte Unmittelbarkeit im Dunkel versinken läßt.« (PR, 610/517f./341)

Die Erfahrung der Sterblichkeit, jenes Versinken im Dunkel, von dem Whitehead spricht, ist ein wesentlicher Bestandteil unseres Erlebens der Wirklichkeit. Und es ist wohl unbestreitbar, daß wir die Notwendigkeit des Vergehens als Übel erfahren, das durch kaum irgendwelche Umstände wirklich gemildert wird. Das Vergehen scheint endgültig: ein unheilbares Leiden. Wenn dies aber so ist, könnte uns nicht wenigstens Gott, wenn er existiert, vor diesem Leid bewahren? Und weshalb tut er es nicht?

5. Gott und das Böse: Theodizee

Gemäß der traditionellen Gottesvorstellung ist das Wesen Gottes durch den Begriff der absoluten Vollkommenheit gekennzeichnet. Als solch ein vollkommenes Wesen ist Gott notwendig allmächtig und allgütig (denn das Böse wird als Mangel verstanden). Daraus ergibt sich die Schwierigkeit, daß das Vorhandensein des Bösen in der Welt so nicht erklärt werden kann, denn wenn es das Böse gibt, ist Gott entweder nicht allmächtig oder aber nicht vollkommen gut; wenn er jedoch beides ist, kann es nichts Böses geben. Der einzige Ausweg aus diesem Dilemma scheint zu sein, davon auszugehen, daß, auch wenn wir nicht verstehen können, warum etwas geschieht, es gleichwohl seine Richtigkeit damit hat und der göttlichen Güte und Allmacht keinen Abbruch tut, daß, auch wenn der angenommene Sachverhalt aller Logik zuwiderläuft, es doch so sein *muß*. Die Wege des Herrn sind unergründlich. Dieser Ausweg ist nicht nur der willentliche Verzicht auf die rationale Durchdringung der Welt, sondern auch die Preisgabe der Rationalität überhaupt. Dagegen muß, wenn Gott, und mit ihm die Welt, denkbar bleiben und die Erfahrung des Bösen gleichwohl nicht bestritten werden soll, die Vollkommenheit Gottes anders gefaßt werden als üblich, so daß der Widerspruch gelöst werden kann, ohne Gott seine Göttlichkeit und damit dem Begriff Gottes seine Bedeutung zu nehmen. Nur so kann sowohl Adäquanz als auch Konsistenz des Systems gewahrt bleiben.

Whiteheads Gott ist, wie wir sahen, nicht allmächtig im herkömmlichen Sinne. Seine Macht ist die der Überredung, nicht die des Zwanges. Dennoch soll hier die These vertreten werden, daß unter der Annahme einer real existierenden

Welt keine größere Macht als die des Whiteheadschen Gottes denkbar ist und er in diesem Sinne allmächtig genannt werden kann.

Unabhängig vom Problem des Bösen gibt es zwei einander verwandte Argumente gegen das traditionelle Allmachts-Konzept. Das erste Argument bezieht sich auf das, was Griffin den Omnipotenz-Fehlschluß (»omnipotence fallacy«) nennt.[81] Dieser beruht auf der Annahme, daß eine aller Macht ledige Existenz, eine leere Wirklichkeit, wie Whitehead sagt, vorstellbar sei und Sinn mache. Diese Annahme wurde bereits in Kap. III.1 kritisiert. Alles Seiende, das uns irgendwie bekannt wird, übt eben darin einen Einfluß auf uns aus, und diese Einflußnahme, dieses Für-uns-da-sein, ist es, was wir meinen, wenn wir sagen, daß etwas existiert (wie schon Berkeley gezeigt hat). Griffin schreibt in seinem wichtigen Aufsatz: »Das Problem ist die Annahme, daß der Sinn von vollkommener Macht oder Omnipotenz bestimmt werden könne ohne eine metaphysische Diskussion über die Natur derjenigen Seienden, auf welche diese vollkommene Macht ausgeübt werden soll. [...] Diejenigen, welche von Wirklichkeiten reden, die völlig ohne eigene Wirkmacht [power] seien, tun dies, ohne irgendeine erfahrungsmäßige Grundlage für die Bedeutung dieses Begriffs zu haben.« Und er schließt: »[...] wenn es eine wirkliche Welt gibt, und eine wirkliche Welt enthält durch metaphysische Notwendigkeit eine Vielzahl von wirkmächtigen Seienden, dann ist es unmöglich für irgendein Seiendes, ein Machtmonopol innezuhaben. Darum kann die größte denkbare Macht, die ein Seiendes haben kann, nicht mit der ganzen Macht gleichgesetzt werden.«[82]

Eine Welt, in der nur Gott allein Macht besäße, wäre nur ein Gedankenspiel Gottes und keine reale Schöpfung. Daß die Welt aber mehr ist als das, beweist die Erfahrung unserer selbst als existierend. In diesem Gedankengang ist ein zweites Argument enthalten: Wenn wir uns nämlich fragten, wer denn mächtiger sei, ein Gott, der über eine Welt von Zinnsoldaten, oder einer, der über eine Welt von mit Freiheit und realer Macht begabten Wesen herrscht, so würden wir antworten, daß der letztere mächtiger genannt werden müsse. Ein dem traditionellen Begriff nach all-mächtiger Gott ist tatsächlich machtlos, weil er über willenlose Geschöpfe und darum im eigentlichen Sinne über nichts herrscht. Es ergibt sich das Paradox des Zusammenfalls von absoluter Allmacht und absoluter Ohnmacht, von Omnipotenz und Impotenz. Demnach scheint es, daß Relationalität dem Begriff der Macht wesentlich zu eigen ist und somit die entscheidende Frage nicht ist, ob es neben Gottes Macht noch andere Macht in der Welt gibt, sondern wieviel Macht und in welcher Hinsicht.

Whiteheads Universum ist eine reale, pluralistische Welt. Die sie bevölkernden wirklichen Einzelwesen haben reale Macht, und das heißt, sie haben ein gewisses Maß an Freiheit. Whiteheads Gott besitzt darum nicht alle Macht der Welt, doch er als einziges von allen wirklichen Einzelwesen besitzt Macht allzeit und überall und ist in diesem Sinne allmächtig. Eine so gefaßte, und damit sinnvoll gewordene, göttliche Allmacht widerspricht nicht der freiheitlichen Existenz anderer wirklicher Einzelwesen, sondern setzt diese im Gegenteil voraus. Das Böse als mögliche Folge der geschöpflichen Freiheit und Ausdruck der Realmacht wirklicher Einzelwesen hat zwar keine metaphysische Notwendigkeit, ist aber von Gott aus den oben genannten Gründen nicht auszuschließen. Obwohl Gott also mit der größtmöglichen Macht ausgestattet ist, trifft ihn keine Verantwortung für die Existenz des Bösen, insofern es Resultat der geschöpflichen Freiheit ist.

Allerdings sahen wir bereits, daß es auch andere Formen des Bösen gibt und daß unter ihnen das Böse der ästhetischen Zerstörung einen wichtigen Beitrag zur Förderung und Erhaltung von Schönheit leistet.

Das subjektive Ziel Gottes ist aber die Realisierung von Schönheit und nichts anderes, woraus man schließen könnte, daß Gott das Böse (der ästhetischen Zerstörung) will und darum nicht eigentlich gut genannt werden könne. Diesen Vorwurf erhoben insbesondere Ely und später Madden/Hare.[83] So schreibt Ely etwa: »Was für uns böse ist, mag Gott aufgrund von Kontrast und Synthese schön erscheinen. Vielleicht sind Weltkriege die schwarzen Tupfer, die notwendig sind für die Vervollkommnung des göttlichen Gemäldes. [...] Gott, müssen wir definitiv sagen, ist nicht primär gut. Er will nicht das Gute. Er will das Schöne.«[84]

Ebenso argumentieren Madden/Hare: »Sicherlich ist ein Gott, der willens ist, jede Menge an moralischem und physischem Bösen in Kauf zu nehmen, um ästhetischen Wert zu gewinnen, ein unerträgliches Wesen.«[85] Es ist ganz offensichtlich vor allem Whiteheads Präferenz der ästhetischen Metapher, die hier Anstoß erregt. Das Schöne wird als dem Guten (möglicherweise) entgegengesetzt verstanden. Ferner wird angenommen, daß das Interesse Gottes dem Interesse aller anderen wirklichen Einzelwesen in der Welt widerstreiten könne, daß, mit anderen Worten, Gott in seinem Streben nach Schönheit über die Leiden der sterblichen Kreaturen hinwegzugehen bereit ist, oder schlimmer noch: diese Leiden die Schönheit des Weltgemäldes für Gott noch erhöhen.

Diesen Annahmen Elys und Madden/Hares liegt allerdings erstens ein Begriff von Schönheit zugrunde, der reichlich wenig mit dem Whiteheads zu tun hat, und zweitens eine Vorstellung des Verhältnisses von Gott und Welt, die den

Grundgedanken der Relativität im Whiteheadschen System außer acht läßt.

Wie bereits ausgeführt wurde, ist die Schönheit zwar nicht mit dem Guten identisch, aber sie läßt sich auch und schon gar nicht mit dessen Gegenteil vereinbaren. Das Böse ist niemals an sich schön. Alles Übel wird als Übel empfunden, selbst wenn es später ein größeres Gut bedingt. Jede Diskordanz der Erfahrung ist eine Tatsache der real existierenden Welt und wird als solche von Gott, dessen wirkliche Welt alle je existierenden wirklichen Einzelwesen umfaßt, empfunden. Auch Gott in seiner Folgenatur empfindet den Schmerz als Schmerz, das Übel als Übel.

Dies ist eine Illustration des Prinzips der universalen Relativität. Da es in Gott keine negativen Erfassungen und keinen Verlust gibt, ist alles, was je war und sein wird, in der Unendlichkeit von Gottes subjektiver Unmittelbarkeit unvergänglich, auch das Böse, und alles bleibt, wie und was es war, unabhängig davon, ob es in einem späteren Stadium des Prozesses vielleicht zur Förderung des Guten dienstbar gemacht werden kann oder nicht. Darum ist Gott – weit davon entfernt, ein hedonistischer Tyrann zu sein – eher der mitfühlende, mitleidende Kamerad: »der Leidensgefährte, der versteht.« (PR, 626/532/351) Gott kann nicht das Böse wollen, weil er nichts für die Welt wollen kann, das er nicht für sich selbst will. In gewisser Hinsicht ist Gott die Quintessenz des Weltganzen, da er als einziges aller wirklichen Einzelwesen nicht perspektivisch beschränkt ist: Die Welt ist gleichsam der Körper Gottes.

Deshalb ist ein Unterschied zwischen Egoismus und Altruismus in Gott nicht existent. Daß es das Böse der ästhetischen Zerstörung gibt, ist nicht Gottes Schuld, sondern liegt in den Bedingungen von Existenz überhaupt begründet. Gott kann nicht das Wesen der Welt selbst ändern, denn er ist nicht Schöpfer der Welt, sondern nur ihr erstes Geschöpf. Was Gott tun kann und kraft seiner uranfänglichen Bestimmung durch die Stiftung des subjektiven Ziels eines jeden werdenden wirklichen Einzelwesens auch wirklich tut, ist, dazu beizutragen, daß die ästhetische Zerstörung wenn irgend möglich (in der Welt selbst) ins Gute gewendet wird, daß also die Frustration der Schönheit die Tür zu neuen Formen der Schönheit öffnet.

Whiteheads Gott ist nicht für die Verzweiflung verantwortlich, noch will er sie. Gott ist für die Hoffnung verantwortlich, die in der Verzweiflung geboren wird. Gott überwindet das Böse für sich und die Welt (was dasselbe ist), ohne es aufzulösen. Die Überwindung des Bösen setzt dessen reale Existenz voraus. Sie besteht in der kontinuierlichen Integration aller Erfassungen, gut oder böse, in dem ewigen, durch die aktive Suche nach vollkommener Harmonie bestimmten Prozeß der göttlichen Selbstwerdung. Da jedes wirkliche Einzelwesen im Moment seines Entstehens auch das wirkliche Einzelwesen Gott erfaßt, hat die göttliche Überwindung des Bösen der ästhetischen Zerstörung objektive Relevanz für die Welt und zeigt uns den Weg, den wir gehen müssen, um dem Schmerz zu entrinnen: »Was in der Welt getan wird, verwandelt sich in eine Realität des Himmels, und die Realität des Himmels geht wieder über in die Welt.« (PR, 626/532/351) Gott, insofern er Ergebnis seiner Erfassungen ist und als solches »zurück in die Welt fließt«, nennt Whitehead auch die superjektive Natur (»superjective nature«) Gottes.

Den drei Naturen Gottes (uranfängliche, Folge- und superjektive Natur) entsprechen in anderen wirklichen Einzelwesen, respektiv, der begriffliche und der körperliche Pol im Seinsmodus der subjektiven Unmittelbarkeit sowie der

Seinsmodus der objektiven Unsterblichkeit. Obwohl Gott in dieser Hinsicht keine Ausnahme im System bildet, ist die Analogie problematisch, denn es ergibt sich offenbar ein Widerspruch zwischen der Konzeption des göttlichen Werdens, verstanden als unendlicher Prozeß, und der kategorial geforderten durchgängigen Bestimmtheit des Datums einer jeden Erfassung. Wenn die Autogenese Gottes niemals zum Ende kommt, sollte man nach allem, was wir bisher wissen, meinen, daß es, abgesehen von seinem begrifflichen Pol, nichts in Gott gibt, das erfaßt werden könnte. Das Werden soll doch gerade jedem Zugriff entzogen sein, so daß kein wirkliches Einzelwesen gleichzeitig Subjekt und Objekt sein kann. Gott scheint aber genau dies zu sein. Die superjektive Natur Gottes ist darum systematisch nicht erklärbar.

Prozeßtheologen wie Hartshorne und Cobb zogen daraus die Konsequenz, daß Gott nicht als wirkliches Einzelwesen, sondern vielmehr als eine personale Gesellschaft verstanden werden müsse.[86] Dies widerspräche jedoch eindeutig Whiteheads Absicht und hätte neben anderen Nachteilen zur Folge, daß die Vielfalt der Welt ihrer realen Einheit verlustig ginge (nämlich der Apotheose der Welt als dem letzten Sinn der Lehre der objektiven Unsterblichkeit) (Kap. IV.5).[87] Gott ist ein einziges wirkliches Einzelwesen und kann gleichwohl immer wieder neu erfaßt werden. Der Widerspruch ist eine Folge der selbstauferlegten Verpflichtung Whiteheads, der allgemeinsten religiösen Intuition gerecht zu werden. Es ist ein Versuch, der allgemein verbreiteten menschlichen Empfindung, daß das Grundübel der Welt, das notwendige Vergehenmüssen alles Seienden, nicht das letzte Wort sein könne, ein Fundament im System zu geben. Der Widerspruch ergibt sich somit aus Gründen der Adäquanz des Systems und ist nicht bloß persönliche Präferenz.

In Gott triumphiert das Gute über das Böse, weil nichts, was ist, war und sein wird, je in ihm verloren geht (Gottes Folgenatur), und die Welt hat an diesem Triumph teil (seine superjektive Natur). Elys Einwand, daß Gottes Überwindung des Bösen für die jeweils leidenden wirklichen Einzelwesen zu spät komme und alle wirklichen Einzelwesen der Ewigkeit Gottes zum Trotz weiterhin vergingen, da ihre subjektive Unmittelbarkeit auch in Gott unweigerlich erlösche,[88] kann nicht wirklich überzeugen, wenn man die Erfahrung unserer menschlichen Personalität in Betracht zieht. Wir empfinden uns eigentlich immer wesentlich als Teil einer personalen Gesellschaft, und unsere Erinnerung ist ein unmittelbarer Ausdruck von objektiver Unsterblichkeit. In der Regel macht es uns nichts aus, daß die subjektive Unmittelbarkeit des gegenwärtigen Moments (d.i. ein wirkliches Einzelwesen A innerhalb der personalen Sequenz) vergeht, denn wir (d.h. der Inhalt des vergangenen wirklichen Einzelwesens A) leben ja fort in der subjektiven Unmittelbarkeit des kommenden Moments (im nachfolgenden wirklichen Einzelwesen B). Das Grundübel der Welt ist nicht das Vergehen der subjektiven Unmittelbarkeit, sondern die Unvollkommenheit der objektiven Unsterblichkeit, also die Tatsache, daß uns *Inhalte* verloren gehen: daß wir vergessen, wie genau alles sich angefühlt hat, daß heute einiges von dem fehlt, was wir früher hatten oder waren. Die Angst vor dem Tod ist die Angst vor der Möglichkeit, daß nichts mehr ist, das unmittelbar nachzuempfinden weiß, was ich empfunden habe, und daß alles Leid und alles Glück in mir, das sich so lange in mir angesammelt hat, endgültig vom Nichts verschluckt wird.

Gott überwindet den Grund unserer Angst durch seine Folgenatur, die Angst selbst aber durch seine superjektive Natur (die eigentlich die Folgenatur als wahrgenommene ist).

Nicht die personale Gesellschaft, der wir angehören, ist unsterblich, wohl aber die lebendigen Werte, die wir durch unsere Existenz geschaffen haben – und mehr Trost bedarf es nicht:

»Hierin finden wir die letzte Anwendung der Lehre von der objektiven Unsterblichkeit. Durch all die vergehenden Ereignisse im Leben jedes zeitlichen Geschöpfs ist der innere Quell von Abkehr oder von Auffrischung, der Richter, der aus der Natur der Dinge selbst hervorgeht, Erlöser oder Unheilsgöttin, die Transformation seiner selbst, immerwährend im Sein Gottes. Auf diese Weise ist die beharrliche Sehnsucht gerechtfertigt – die beharrliche Sehnsucht, dieser Drang nach Existenz möge aufgefrischt werden durch die allgegenwärtige, nicht nachlassende Bedeutung unserer unmittelbaren Handlungen, die vergehen und doch für immerdar leben werden.« (PR, 627/533/351)

Der hoffnungsvolle Ausblick, mit dem Whitehead das Hauptwerk seiner systematischen Kosmologie, *Prozeß und Realität*, beschließt, bezeugt den wesentlich optimistischen Charakter der Whiteheadschen Philosophie. Daß die Darstellung Gottes, die Whitehead gibt, nicht mit strikter Notwendigkeit aus seiner Kosmologie folgt, ist auch für Whitehead selbst klar – was nicht bedeutet, daß sie ihr bloß aufgepfropft wäre. Sie ist eine Interpretation auf dem Boden des Systems angesichts der eindringlichen Intuition des Religiösen und damit eine Fortführung der Lehren von der grundsätzlichen Werthaftigkeit und der objektiven Unsterblichkeit der Existenz, die zweifellos den Kern von Whiteheads Kosmologie bilden. Ohne die konkrete Existenz Gottes wäre das System unvollständig und verlöre entscheidend an Kohärenz und Adäquanz. Ein Versuch, wie ihn etwa Sherburne unternahm, die Überflüssigkeit des Gottesbegriffes in der organismischen Philosophie zu erweisen und das

System ohne Gott zu rekonstruieren,[89] ist so, als wolle man aus der platonischen Philosophie das Reich der Ideen entfernen oder aus der Hegelschen Philosophie den absoluten Geist. Solch eine gut gemeinte Reinigung mißachtet den für Whitehead so wesentlichen Rationalitätsanspruch, der nichts anderes als die philosophische Überzeugung ist, daß die Welt letzten Endes nicht sinnlos und ein undurchdringliches Chaos sein könne, sondern eine Ordnung aufweise, in der sich die Widersprüchlichkeiten auflösen lassen.

VII. Resümee

1. Die Aufhebung der Gegensätze im Rhythmus der Kreativität

Am Anfang der Whiteheadschen Philosophie stand das doppelte Paradox unserer Erfahrung der Welt als Vielheit in der Einheit und als Einheit in der Vielheit. Ausdruck der grundsätzlichen Vielheit war die scheinbare Unvereinbarkeit von gegensätzlichen Erfahrungen von Welt, Ausdruck der Einheit aber die faktische Verbundenheit der Welt im Subjekt der Erfahrung. Als Aufgabe des Systems wurde aufgewiesen, die Verbundenheit denkbar zu machen und zu zeigen, in welcher Weise das Viele im Einen gründet: »Die Kategorien sind dazu da, um das Paradox dieser wechselseitigen Verbundenheit aller Dinge aufzuklären: das Paradox ihrer Vielheit und der einen Welt, die zugleich in ihnen und außerhalb von ihnen ist.« (AI, 405/293)

Die in dieser Einführung vorgelegte Darstellung von Whiteheads Kosmologie ließ sich durch die Analyse der gegensätzlichen Weltaspekte Geist und Körper, Freiheit und Notwendigkeit, Werden und Sein, Wert und Tatsache leiten. All diese Gegensätze zeigten sich in der Analyse als interdependente und komplementäre Momente einer einzigen Wirklichkeit, so nämlich, daß nicht nur das eine die notwendige Grundlage des anderen bildet und umgekehrt, sondern auch, daß das eine im Übergang (»transition«) von einem wirklichen Einzelwesen zum nächsten in die Rolle des anderen schlüpft. Die Spaltung der Welt in zwei oder mehr Teile wird in der von Whitehead ausgeführten Konzeption der Wirklichkeit somit in zwei Schritten überwunden. Der erste Schritt ist die Darstellung der notwendigen Verbundenheit der Gegensätze im Wesen des Wirklichen und der zweite Schritt die Selbsttranszendierung der Gegensätze im Prozeß des Übergangs. Die notwendige Verbundenheit meint konkret, daß es nichts Wirkliches in der real existierenden Welt gibt, das nur Körper oder nur Geist wäre, nur in Freiheit oder nur mit Notwendigkeit, nur werdend oder nur seiend, nur Wert oder nur Tatsache. Die Wirklichkeit ist immer bipolar: »Überall im Universum herrscht die Einheit der Gegensätze, die den wahren Kern des Dualismus ausmacht.« (AI, 348/245)

Die Selbsttranszendierung der Gegensätze als zweites geschieht im Moduswechsel von subjektiver Unmittelbarkeit zu objektiver Unsterblichkeit, durch welchen die begrifflichen Erfassungen des geistigen Pols eines wirklichen Einzelwesens A zu Inhalten körperlicher Erfassungen eines wirklichen Einzelwesens B werden, das Moment der Freiheit in A zu einem Moment der Notwendigkeit in B, das Werdende zu einem Seienden, der Wert des sich selbst setzenden Individuums zu einer Tatsache der wirklichen Welt.

Zu beachten ist auch, daß die vier untersuchten Gegensatzpaare auch als vier Aspekte eines einzigen Gegensatzes gefaßt werden können. Die Begriffe *Geist*, *Freiheit*, *Werden* und *Wert* beschreiben die reale Welt als Subjekt, die Begriffe *Körper*, *Notwendigkeit*, *Sein* und *Tatsache* als Objekt der Erfahrung. Jedes Subjekt ist erstens konstitutiv auf ein Objekt bzw. die Gesamtheit seiner Objekte bezogen und wird zweitens selbst zu einem Objekt eines neuen Subjekts. Der

Schlüssel zur Überwindung der Inkonsistenz der Gegensätze ist somit das prozessuale Verständnis der Welt: »Der Prozeß ist der Weg, auf dem das Universum dem Ausschließenden der Inkonsistenz entkommt.« (MT, 54)

Das Prozeßprinzip erweist sich so in seiner dialektischen Funktion.[90] Es erklärt, wie sich die existentiellen Gegensätze in cinem ewigen Rhythmus des Werdens und Vergehens ständig selbst überwinden und gleichzeitig bewahren: Das ist die *Aufhebung* der Gegensätze im Rhythmus der Kreativität. Allein auf die temporäre Welt bezogen reicht diese allerdings noch nicht weit genug, insofern sie zwar anscheinend die Gegensätze, nicht aber die Kontingenz der Welt überwindet. Es muß der Weltprozeß selbst im schlechthin Notwendigen einen Grund finden und das ewige Werden in einem umfassenderen Sein verankert werden. Mit anderen Worten: Die Welt muß nicht nur verbunden, sondern auch *eins* sein. In Gott nimmt der Weltprozeß seinen permanenten Anfang und sein permanentes Ende. Als uranfängliche Tatsache ist er die ewige Bedingung der Möglichkeit des weltlichen Werdens, und als Folgenatur ist er der Fortbestand des Vollbrachten. Doch auch Gott ist nicht nur die Einheit des Universums, sondern auch wieder ein Teil eines Gegensatzpaares. Der letzte und äußerste Gegensatz ist der von Gott und Welt, und auch er muß überwunden werden, wenn die Einheit, die keine Einheitlichkeit ist, vollkommen sein soll: »Entgegengesetzte Elemente sind wechselseitig aufeinander angewiesen.« (PR, 622/529/348)

Gott braucht die Welt ebensosehr, wie die Welt Gott braucht. Die Prozesse beider verlaufen in umgekehrter Richtung. Sie erhalten jeweils voneinander, was sie nicht selbst haben: Die Welt bezieht ihren geistigen Pol aus Gott, so wie Gott seinen körperlichen Pol in der Welt hat. Die Welt besteht aus Subjekten, die in Gott objektive Unsterblichkeit finden, und Gott ist ein uranfängliches Objekt, das mittels der Welt subjektive Unmittelbarkeit erlangt. Gott ist die Welt unter dem Aspekt der Ewigkeit betrachtet, und die Welt ist Gott unter dem Aspekt der Zeitlichkeit betrachtet. Die Welt gibt Gott Vielheit, und Gott gibt der Welt Einheit. So umfaßt letztlich der Rhythmus der Kreativität auch diesen letzten Gegensatz von Gott und Welt und hebt ihn in der höchsten Einheit des Uni-Versums auf:

»Es ist genauso wahr zu sagen, daß Gott beständig ist und die Welt fließend, wie zu behaupten, daß die Welt beständig ist und Gott fließend.

Es ist genauso wahr zu sagen, daß Gott eins ist und die Welt vieles, wie zu behaupten, daß die Welt eins ist und Gott vieles.

Es ist genauso wahr zu sagen, daß Gott im Vergleich mit der Welt höchst wirklich ist, wie zu behaupten, daß die Welt im Vergleich mit Gott höchst wirklich ist.

Es ist genauso wahr zu sagen, daß die Welt Gott immanent ist, wie zu behaupten, daß Gott der Welt immanent ist.

Es ist genauso wahr zu sagen, daß Gott die Welt transzendiert, wie zu behaupten, daß die Welt Gott transzendiert. Es ist genauso wahr zu sagen, daß Gott die Welt erschafft, wie zu behaupten, daß die Welt Gott erschafft.

Gott und die Welt sind die im Kontrast stehenden Gegensätze, mit Hilfe derer die Kreativität ihre höchste Aufgabe erfüllt, die getrennte Vielheit, mit ihren im Gegensatz stehenden Verschiedenheiten, in die sich konkretisierende Einheit umzuwandeln, deren Verschiedenheiten Kontraste bilden.« (PR, 621/528/348)

Der Widerspruch der Gegensätze verwandelt sich in einen Kontrast, in dem Einheit und Vielheit in vollkommenem Gleichgewicht verbunden sind.

2. Der Erfolg des Systems

Sicherlich ist das System der organismischen Philosophie nicht perfekt, doch wann hätte es je ein perfektes System gegeben? Es liegt Whitehead auch fern, einen Anspruch auf gesicherte Erkenntnis zu erheben: »[…] im allgemeinen […] ist vollständige Gewißheit unerreichbar.« (SMW, 36/23) Die organismische Philosophie ist vielmehr ein Versuch, sich der Wahrheit anzunähern und innerhalb der menschlichen Grenzen ein Stück von der Wirklichkeit, der wir angehören, zu begreifen. Sie beinhaltet den Entschluß, dabei so umsichtig und so vorsichtig wie nur möglich vorzugehen, ohne doch das Ziel nur einen Moment lang aus dem Blick zu verlieren: Das System ist umsichtig insofern, als es allen menschlichen Erfahrungen im gleichen Maße gerecht zu werden bemüht ist, vorsichtig, insofern es von sich logische Widerspruchslosigkeit und die Vermeidung der willkürlichen Unverbundenheit erster Prinzipien fordert.

Doch manchmal läßt sich trotz allen Bemühens nicht alles gleichzeitig beachten, und es ist eindeutig, daß Whitehead im Zweifelsfall die Adäquanz der Konsistenz vorzieht. Dies zeigte sich z. B. in der Diskussion der Theorie der epochalen Zeit und auch im Begriff der superjektiven Natur Gottes. Auch die wirklich erstaunliche Kohärenz des Systems konnte von Whitehead offenbar nicht in allen Punkten durchgehalten werden. Der Unterscheidung zwischen zeitlosen Gegenständen der objektiven Art und der subjektiven Art etwa haftet eine gewisse Willkür an. Sie scheint zumindest keinen Grund in der Natur der Dinge zu haben und wird anscheinend eingeführt, um die Konsistenz der Wahrnehmungstheorie zu wahren.

Eine weitere Schwierigkeit ergibt sich, wenn man die

scheinbar so banale Frage stellt, wieviele wirkliche Einzelwesen es eigentlich in einem beliebigen Augenblick des Prozesses gibt. Unendlich viele können es nicht sein, da in diesem Fall eine Termination des Zusammenwachsens in der Erfüllung aufgrund der mangelnden durchgängigen Bestimmtheit des Datums nicht zustande kommen könnte. Die wirkliche Welt eines entstehenden wirklichen Einzelwesens muß eindeutig bestimmt, und das heißt begrenzt, sein. Gibt es aber endlich viele wirkliche Einzelwesen, so müßte es ein Prinzip geben, welches die Zahl ermittelt. Ein solches Prinzip ist jedoch nirgends ersichtlich. Auch könnte die Zahl der Wirklichkeiten sich verändern oder aber immer gleich bleiben.

Ein ähnliches Problem betrifft die Dauer von wirklichen Einzelwesen. Whitehead scheint der Meinung zu sein, daß der Werdeprozeß verschiedener wirklicher Einzelwesen unterschiedliche Zeitspannen in Anspruch nimmt, ein Mensch etwa eine größere Spanne als ein Elektron. Wie läßt sich der Unterschied begründen, wenn doch die zu erfassende Welt für beide (annähernd) dieselbe ist?

Obwohl dies sicherlich Probleme sind, die man nicht so einfach außer acht lassen sollte, bleiben sie doch geringfügig angesichts der Komplexität, Elaboriertheit und vor allem auch Ausgewogenheit des Systems in seiner Totalität. Der Eindruck, daß alle Details in wunderbarer Weise zueinander passen und sich so gegenseitig ergänzen, daß sie sich zu einem philosophischen Weltbild von bemerkenswerter Klarheit zusammenfügen, ist vorherrschend. Und wenn die Philosophie Whiteheads in Europa bisher so wenig Einfluß gehabt hat, so ist das um so bedauerlicher, als der Grund hierfür sicherlich nicht in den Mängeln des Systems zu finden ist. Vielleicht hat Hartshorne recht, wenn er schreibt, daß »das Hauptthindernis für eine allgemeinere Wertschätzung der Größe und Wahrheit von Whiteheads Philosophie nicht irgendwelche in ihr enthaltenen Mängel sind, sondern eben diese Größe und Wahrheit selbst.«[91]

Was auch immer der Grund für die weitgehende Nichtbeachtung sein mag: Angesichts des durch seine praktischen Konsequenzen offenbar gewordenen Scheiterns der neuzeitlich bestimmten Naturbetrachtung wäre es an der Zeit, die gewohnten Bahnen des Denkens zu verlassen und in der Beschäftigung mit Whiteheads Philosophie möglicherweise einen philosophischen Paradigmenwechsel einzuleiten, der längst überfällig ist.

Anhang

Anmerkungen

1 Vgl. Platon, Kratylos 400 bc.
2 Vgl. F. Mauthner, Wörterbuch der Philosophie, München/Leipzig 1910, S. 102.
3 Wer niemals beim Rugby umgeworfen worden sei, so sollte er viel später sagen, wisse nicht, was Wirklichkeit bedeute.
4 So berichtet Whiteheads Kollege in Harvard, W.E. Hocking, Whitehead as I Knew Him, S. 9, in: G.L. Kline (Hg.), Alfred North Whitehead. Essays on his Philosophy, Englewood Cliffs, NJ, 1963, S. 7-17.
5 Diese Übersetzung des Begriffs »Philosophy of Organism« findet sich bei A. Rust, Die Organismische Kosmologie von Alfred North Whitehead, Frankfurt/M. 1987. Sie trifft die Bedeutung des Ausdrucks wohl besser als etwa »Philosophie des Organismus«.
6 G.E. Müller, Amerikanische Philosophie, Stuttgart 1950, S. 183.
7 Vgl. A.E. Murphy, The Anti-Copernican Revolution, in: Journal of Philosophy 26 (1929), S. 281-299.
8 Vgl. A.E. Murphy, Whitehead and the Method of Speculative Philosophy, in: P.A. Schilpp (Hg.), The Philosophy of Alfred North Whitehead, New York 1941.
9 Dies erkannte auch Kant, zog es jedoch vor, die Konsequenzen seiner Einsicht zu ignorieren: »Weil also [...] meine Seele, in der Art, wie sie im Raume gegenwärtig ist, von jedem Element der Materie nicht unterschieden wäre, und die Verstandeskraft eine innere Eigenschaft ist, welche ich in diesen Elementen doch nicht wahrnehmen könnte, wenngleich selbige in ihnen allen angetroffen würde, so könnte kein tauglicher Grund angeführt werden, weswegen nicht meine Seele eine von den Substanzen sei, welche die Materie ausmachen [...]. Alsdenn aber würde man kein eigentümliches Merkmal mehr mit Sicherheit erkennen, welches sie von dem rohen Grundstoffe der körperlichen Naturen unterschiede [...]«. (Träume eines Geistersehers, A 24/25).

10 Vgl. Ch. Hartshorne, Physics and Psychics. The Place of Mind in Nature, in: J.B. Cobb/D.R. Griffin (Hg.), Mind in Nature. Essays on the Interface of Science and Philosophy, Washington, D.C., 1977, S. 94: »I believe the charge of anthropomorphism can with good reason be reversed. Those who say that, apart from the specifically human forms, or the specifically mammalian or animal forms, nature is devoid of psychical traits altogether are indeed exaggerating the role of man or manlike creatures in the world. They are saying that our kind of creature introduces mind as such into nature. Apart from us and our kind there is nothing with intrinsic life, feeling, value, or any sort whatever. Is this not in a class with the idea that our planet is at the center of the universe?«

11 D. Emmet, Whitehead's Philosophy of Organism, London 1932, S. 53.

12 P. Hughes, Is Whitehead's Psychology Adequate?, in: Schilpp, a. a. O., S. 295.

13 Vgl. W.M. Urban, Whitehead's Philosophy of Language, in: Schilpp, a. a. O., S. 322. Selbst der Übersetzer von *The Function of Reason,* Eberhard Bubser, scheint Verständnisprobleme zu haben, schreibt er doch im Nachwort zur deutschen Ausgabe, daß *Prozeß und Realität* ein »nahezu undurchdringliches Buch« sei (FR, 75).

14 V. Lowe, Understanding Whitehead (1962), Baltimore 1966, S. 16.

15 R. Descartes, Principia Philosophiae I, 51: »Per substantiam nihil aliud intelligere possumus, quam rem quae ita existit, ut nulla alia re indigeat ad existendum.«

16 W.E. Hocking, Mind and Nature, in: Schilpp, a. a. O., S. 387.

17 R.L. Fetz, Whitehead. Prozeßdenken und Substanzmetaphysik, Freiburg/München 1981, S. 79.

18 Vgl. den Kommentar des Übersetzers H.-P. Holl im Nachwort der deutschen Ausgabe von *Prozeß und Realität.*

19 »Es gibt nur substantielle Atome [...] man könnte sie metaphysische Punkte nennen: sie haben etwas Lebendiges, eine Art Perzeption, und die mathematischen Punkte sind ihre Gesichtspunkte, um das Universum auszudrücken.« (G.W. Leibniz, Philosophische Schriften, hrsg. von H.H. Holz, Bd. 1, Darmstadt 1965, S. 215.)

20 Michael Welker, Whitehead's Vergottung der Welt, in: H.H. Holz/E. Wolf-Gazo, Whitehead und der Prozeßbegriff, Freiburg/München 1984, S. 249-272.

21 Eine interessante Vergleichsmöglichkeit bietet in diesem Zusammenhang Heideggers Explikation des Daseins. Bei aller Unterschiedlichkeit ihres philosophischen Anspruchs kommen doch beide Denker darin überein, daß sie das Prinzip der einfachen Lokalisierung für die Beschreibung der menschlichen Erfahrung ablehnen. So schreibt Heidegger in *Sein und Zeit:* »Das Dasein ist gemäß seiner Räumlichkeit zunächst nie hier, sondern dort, aus welchem Dort es auf sein Hier zurückkommt und das Wiederum nur in der Weise, daß es sein besorgendes Sein [...] aus dem Dortzuhandenen auslegt.« (M. Heidegger, Sein und Zeit (1927), Tübingen 1979, S. 108.) Eine überzeugende Untersuchung der Parallelen und Differenzen zwischen Heideggers und Whiteheads Denken findet sich, ohne daß die Zusammenstellung willkürlich wirken würde, bei Calvin O. Schrag, Whitehead and Heidegger. Process Philosophy and Existential Philosophy, in: Dialectica 13 (1959), S. 42-54.

22 Eine kategorische Antwort auf diese Frage gibt Milic Capek in seinem Aufsatz: Simple Location and Fragmentation of Reality, in: W.L. Reese/E. Freeman (Hg.), Process and Divinity. The Hartshorne Festschrift, La Salle, Illinois, 1964, S. 87: »If this were true, then any influence of the past on the present would be completely impossible; consequently, neither causation, nor memory would ever be possible. This is at least what the principle of simple location requires when we apply it to time: the past event is the past event and the present event is the present event and both are mutually external [...].«

23 Platon, Sophistes 259 e.

24 B. Russell, Philosophical Essays (1910), London 1966 (überarbeitete Aufl.), S. 142.

25 A.O. Lovejoy, The Revolt against Dualism, London 1930, S. 203.

26 W.P. Alston, Internal Relatedness and Pluralism in Whitehead, in: The Review of Metaphysics 5 (1952), S. 535-558.

27 Ch. Hartshorne, Das metaphysische System Whiteheads (1948), in: E. Wolf-Gazo (Hg.), Whitehead, Freiburg/München 1980, S. 32 f.

28 Ebd., S. 33.

29 A.a.O., S.99.
30 Platon, Sophistes 256 e.
31 Als Ausnahme von dieser Regel nennt Whitehead Kant, der das sensualistische Prinzip abgelehnt habe. Aller Wahrscheinlichkeit nach bezieht sich Whitehead hier auf Kants Lehre von den reinen Anschauungsformen.
32 Aristoteles, Metaphysik 1028 b.
33 Den Begriff der symbolischen Bezugnahme entwickelt Whitehead ausführlich in Symbolism. Its Meaning and Effect, New York 1927.
34 Vgl. J.W. Felt, Transmutation and Whitehead's Elephant, in: H. Holz/E. Wolf-Gazo (Hg.), Whitehead und der Prozeßbegriff, a.a.O., S.79-84.
35 Ebd., S.181.
36 Ebd.
37 Der englische Gebrauch des Wortes ist weitläufiger als der deutsche.
38 D. Hume, Dialogues Concerning Natural Religion (1779), New York 1961, S.53.
39 Platon, Parmenides 156 ab.
40 E. Pols, Whitehead's Metaphysics. A Critical Examination of *Process and Reality*, London/Amsterdam 1967, S.134.
41 J.B. Cobb, A Christian Natural Theology, Philadelphia, Pennsylvania, 1965, S.211.
42 A. Cloots, De Vraag naar het Ultieme in de Proces-Filosofie, in: Tijdschrift voor Filosofie 42 (1980), S.48-74.
43 W.J. Garland, The Ultimacy of Creativity, in: L.S. Ford/G.L. Kline (Hg.), Explorations in Whitehead's Philosophy, New York 1983, S.212-238. R.C. Neville, Whitehead on the One and the Many, ebd., S.257-271. D.W. Sherburne, A Whiteheadian Aesthetic, New Haven 1961, S.19f. I. Leclerc, Whitehead's Metaphysiscs, London/New York 1958, S.86.
44 Aristoteles, Metaphysik 1019 a.
45 Aristoteles, Physik VI 9, 239 b 14ff. (29 A 26) und 239 b 30 ff. (29 A 27).
46 W. James, A Pluralistic Universe (1908), Cambridge, Mass./London 1977, S.104.
47 Der bekannte Satz des Anaximandros mag in dieser Hinsicht gedeutet werden: »Woraus aber die Dinge ihre Entstehung haben,

darein finde auch ihr Untergang statt, gemäß der Schuldigkeit. Denn sie leisten einander Sühne und Buße für ihre Ungerechtigkeit, gemäß der Verordnung der Zeit.« (Die Vorsokratiker. Die Fragmente und Quellenberichte, hrsg. von W. Capelle, Stuttgart 1968, S. 82.) Es gibt keinen Hinweis darauf, daß Whitehead diese Stelle kannte – wie er überhaupt in seinem Werk auf die Vorsokratiker (mit Ausnahme Zenons) kaum jemals eingeht.

48 Ich weiche hier von der Übertragung E. Bubsers ab, da sie, wie auch an anderen Stellen, den Sachverhalt interpretierend verstellt. Im Original heißt es hier: »The not-being of occasions is their ›objective immortality‹«, was Bubser so übersetzt: »Das Nichtsein der Vorgänge ist die Form ihrer ›objektiven Unvergänglichkeit‹.«

49 I. Kant, Kritik der reinen Vernunft, B 161.

50 W. James, Does Consciousness Exist?, S. 13, in: Essays in Radical Empiricism, Cambridge, Mass./London 1976, S. 3-19. Dt. neuerdings im Materialienband zu *Prozeß und Realität*: Prozeß, Gefühl und Raum-Zeit, Frankfurt/M. 1991, S. 191-206.

51 W.A. Christian, An Interpretation of Whitehead's Metaphysics, New Haven 1959, S. 25.

52 Vgl. I. Leclerc, Whitehead's Metaphysics, a. a. O., S. 186.

53 J. Goheen, Whitehead's Theory of Value, S. 455, in: Schilpp, a. a. O., S. 437-459.

54 Vgl. W. James, A Pluralistic Universe, a. a. O., S. 113: »The literally present moment is a purely verbal supposition, not a position; the only present ever realized concretely being the ›passing moment‹ in which the dying rearward of time and its dawning future forever mix their lights. Say ›now‹ and it *was* even while you say it.«

55 G.L. Kline, Form, Concrescence and Concretum, S. 135, in: Ford/Kline, a. a. O., S. 104-146.

56 Philosophiegeschichtlich findet die Unterscheidung von zwei Seinsmodi, einem inneren und einem äußeren, eine interessante Entsprechung im Dingbegriff Jakob Böhmes. Vgl. dazu G. Böhme, Jakob Böhme, S. 167, in: G. Böhme (Hg.), Klassiker der Naturphilosophie, München 1989: »Ein Ding ist wesentlich durch die Differenz von innen und außen bestimmt und die sie vermittelnde Äußerung. Es hat ein inneres Wesen und eine äußere Signatur. Diese Signatur wirkt wie die Stimmung eines Instruments. Zwar restringiert sie seine möglichen Äußerungen, und

insofern kann man sagen, daß die Essenz niemals als solche offenbar wird. Andererseits würde es aber ohne Artikulation nur zu einem diffusen Verströmen, nicht aber zu einer bestimmten Äußerung der Essenz kommen.«

57 W. Christian, An Interpretation of Whitehead's Metaphysics, a. a. O., S. 168.

58 Körperliche Erfassungen sind auf wirkliche Einzelwesen der wirklichen Welt bezogen, also auf Tatsachen, während begriffliche Erfassungen unmittelbar auf zeitlose Gegenstände gerichtet sind, also auf bloße Möglichkeiten der Realisation.

59 Zur hierarischen Gliederung von Gesellschaften und dem Begriff der Dominanz vgl. insbesondere *Modes of Thought*, S. 23 ff. Whitehead beschreibt hier den Unterschied zwischen einer Pflanze und einem (höheren) Tier als analog dem zwischen Feudalgesellschaft und Demokratie, doch wird nicht völlig klar, wie der Unterschied überhaupt zustande kommt. Da ist auch der Erklärungsversuch von Kraus wenig hilfreich, die vorschlägt, den tierischen Organismus als »Nest konzentrischer Kreise« und die dominante Gesellschaft als dessen Mittelpunkt zu begreifen (Vgl. E.M. Kraus, A Companion to Whitehead's *Process and Reality*, New York 1979, S. 69).

60 Vgl. dazu E. Laszlo, Introduction to Systems Philosophy, New York 1972, und F. Capra, Wendezeit, Bern/München/Wien 1983, S. 293-339.

61 Vgl. A.H. Johnson, Whitehead's Theory of Reality (1952), New York 1962, S. 182, und I. Leclerc, The Philosophy of Nature, Washington, D.C. 1986 (Studies in Philosophy and the History of Philosophy, Vol. 14), S. 122 ff.

62 R.L. Fetz, Whitehead. Prozeßdenken und Substanzmetaphysik, Freiburg/München 1981, S. 255.

63 H. Arendt, Über die Revolution (1963), München 1986, S. 165.

64 »Daher muß eine gründlichere Darstellung das umgekehrte begriffliche Empfinden in einem zeitlichen Subjekt dessen begrifflichem Empfinden zuschreiben, das nach Kategorie IV von dem hybriden physischen Empfinden der in Gottes Erfahrung begrifflich geordneten Relevanzen abgeleitet ist.« (PR, 456/250/382).

65 E. Pols, Whitehead's Metaphysics, a. a. O., S. 139.

66 »Wenn aber die Kritik nicht geirrt hat, da sie das Objekt in zweierlei Bedeutung nehmen lehrt, nämlich als Erscheinung, oder als

Ding an sich selbst, wenn die Deduktion ihrer Verstandesbegriffe richtig ist, mithin auch der Grundsatz der Kausalität nur auf Dinge im ersten Sinne genommen, nämlich so fern sie Gegenstände der Erfahrung sind, geht, eben dieselbe aber nach der zweiten Bedeutung ihm nicht unterworfen sind: so wird eben derselbe Wille in der Erscheinung (den sichtbaren Handlungen) als dem Naturgesetze notwendig gemäß und so fern nicht frei, und doch andererseits, als einem Dinge an sich selbst angehörig, jenem nicht unterworfen, mithin als frei gedacht, ohne daß hierbei ein Widerspruch vorgeht.« (I. Kant, Kritik der reinen Vernunft BXXVII/XXVIII.)

67 Vgl. J. B. Cobb, Freedom in Whitehead's Philosophy, in: Ford/Kline, a. a. O., S. 45 f.

68 D.W. Sherburne, Responsibility, Punishment and Whitehead's Theory of the Self, S. 187, in: G.L. Kline (Hg.), Alfred North Whitehead. Essays on his Philosophy, Englewood Cliffs, NJ, 1963.

69 Ebd.

70 Deutsches Wörterbuch von Jakob und Wilhelm Grimm (1854), München (1984), Bd. 5, S. 4071.

71 Zitiert in: Historisches Wörterbuch der Philosophie, Darmstadt 1974, Bd. 3, S. 502.

72 Schon 1922 sagte Erwin Schrödinger in seiner Züricher Antrittsrede: »Es ist sehr wohl möglich, daß die Naturgesetze samt und sonders statistischen Charakter haben. Das hinter dem statistischen Gesetz heute noch ganz allgemein mit Selbstverständlichkeit postulierte absolute Naturgesetz geht über die Erfahrung hinaus. Eine derartige doppelte Begründung der Gesetzmäßigkeit in der Natur ist an sich unwahrscheinlich. Die Beweislast obliegt den Verfechtern, nicht den Zweiflern an der absoluten Kausalität. Denn daran zu zweifeln ist heute bei weitem das natürlichere.« (E. Schrödinger, Was ist ein Naturgesetz? (1922), S. 17, in: ders., Was ist ein Naturgesetz? Beiträge zum naturwissenschaftlichen Weltbild, München/Wien 1962, S. 10-17). In der Zwischenzeit haben sich die Indizien nur vermehrt.

73 Vgl. Ch. Hartshorne, Whitehead's Philosophy. Selected Essays 1935-70, Lincoln, Nebraska, 1972, S. 157.

74 Vgl. A.H. Johnson, Some Conversations with Whitehead Concerning God and Creativity, in: Ford/Kline, a. a. O., S. 3-13.

75 H. Bergson, Schöpferische Entwicklung (1907), Zürich o.J. (Sammlung Nobelpreis für Literatur 27), S. 71.

76 So schließt z.B. J.W. Robson, Whitehead's Answer to Hume (1941), in: Kline (Hg.), Alfred North Whitehead, a.a.O., S. 53-62.

77 Vgl. hierzu J.B. Cobb/D.R. Griffin (Hg.), Mind in Nature. Essays on the Interface of Science and Philosophy, Washington, D.C. 1977.

78 Seit den dreißiger Jahren wird Whiteheads Philosophie von Theologen rezipiert und verarbeitet. Die empirische Theologie N. Wiemans, der neoklassische Theismus Ch. Hartshornes und besonders die christliche Prozeßtheologie (N.W. Pittenger, S.M. Odgen, L.S. Ford, D.D. Williams, D.R. Griffin, J.B. Cobb jr.) bauen jede auf ihre Weise auf den von Whitehead entwickelten Gedanken auf. Vgl. hierzu den Artikel »Prozeßtheologie« von I.U. Dalferth im Historischen Wörterbuch der Philosophie, Bd. 8. Einen tieferen Einblick in die prozeßtheologische Strömung bieten: J.B. Cobb/D.R. Griffin, Einführung in die Prozeßtheologie, Göttingen 1979, und M. Welker, Universalität Gottes und Relativität der Welt, Neukirchen 1981.

79 Vgl. N. Lawrence, The Vision of Beauty and the Temporality of Deity in Whitehead's Philosophy, S. 170, in: Kline, a.a.O., S. 168-178.

80 J.St. Mill, Der Utilitarismus (1871), Stuttgart 1976, S. 18.

81 Vgl. D.R. Griffin, God Power and Evil. A Process Theodicy, Philadelphia 1976, S. 249ff.

82 Ebd., S. 265-268.

83 Vgl. St.L. Ely, The Religious Availability of Whitehead's God. A Critical Analysis, in: Ford/Kline, a.a.O., S. 170-211. E.H. Madden/P. Hare, Evil and the Concept of God, Springfield, Illinois 1968.

84 Ely, a.a.O., S. 202 f.

85 Madden/Hare, a.a.O., S. 124.

86 Vgl. Ch. Hartshorne, Ontological Primacy, A Reply to Buchler, S. 300, in: Ford/Kline, a.a.O., S. 295-303. J.B. Cobb, A Christian Natural Theology, Philadelphia, Pennsylvania, 1965, S. 188.

87 Die Gegenposition zu Hartshorne und Cobb wird ausführlich dargelegt von L.S. Ford, Boethius and Whitehead on Time and Eternity, in: International Philosophical Quarterly (März 1968),

S. 42-66. Vgl. auch A.H. Johnson, Whitehead's Theory of Reality, a. a. O., S. 68f.

88 Vgl. Ely, a. a. O., S. 200.

89 Vgl. D.W. Sherburne, Whitehead without God, in: D. Brown/R.E. James/G. Reeves (Hg.), Process Philosophy and Christian Thought, Indianapolis, NY, 1971, S. 305-328.

90 Die Bedeutung des Prozeßprinzips als Vermittlungs- und Identitätsprinzip im Sinne Hegels betont besonders F. Kambartel, The Universe is More Various More Hegelian. Zum Weltverständnis bei Hegel und Whitehead, in: Collegium Philosophicum. Studien zum 60. Geburtstag J. Ritters, Stuttgart/Basel 1965, S. 72-98.

91 Ch. Hartshorne, Whitehead's Idea of God, S. 559, in: Schilpp, a. a. O., S. 515-559.

Literaturhinweise

Im Text wird auf untenstehende Werke Whiteheads unter den in der Literatur üblich gewordenen Siglen verwiesen. Alle Zitate werden in deutscher Fassung wiedergegeben. Wo keine deutsche Übersetzung vorliegt oder diese so schlecht ist, daß sie praktisch unlesbar ist – wie die unter dem Titel *Philosophie und Mathematik* 1949 in Wien erschienene Teilübersetzung der *Essays in Science and Philosophy* –, stammt die Übertragung vom Verfasser. In diesem Fall beziehen sich die im Text angegebenen Seitenzahlen auf die englische Ausgabe. In allen anderen Fällen wird jeweils *zuerst* die Seitenzahl der deutschen Ausgabe, *dann* die Seitenzahl der Originalausgabe genannt. Eine Ausnahme ist Whiteheads Hauptwerk *Process and Reality*, für das jeweils drei Seitenzahlen angegeben werden. Die erste ist die der deutschen Ausgabe, die zweite die der zur Standardausgabe gewordenen Corrected Edition und die dritte die der über lange Zeit handelsüblichen Erstausgabe bzw. Harper Torch Book-Ausgabe.

AE	The Aims of Education and Other Essays (1929), New York 1967.
AI	Adventures of Ideas, New York 1933. Dt.: Abenteuer der Ideen. Übertragen von E. Bubser. Mit einer Einleitung von Reiner Wiehl, Frankfurt/M. 1971.
CN	Concept of Nature (1920), Cambridge 1964. Dt.: Der Begriff der Natur. Übersetzt von Julian von Hassell, Weinheim 1990.
DIA	Dialogues of Alfred North Whitehead as Recorded by Lucien Price (1954), Boston 1964.
ESP	Essays in Science and Philosophy, New York 1948.
FR	The Function of Reason, Princeton 1929. Dt.: Die Funktion der Vernunft. Übertragen von E. Bubser, Stuttgart 1974.
MT	Modes of Thought, New York 1938.
PR	Process and Reality. An Essay in Cosmology (1929), New

York 1957 (Harper Torch Books). Process and Reality. An Essay in Cosmology, überarbeitete Aufl., hrsg. von David R. Griffin and Donald W. Sherburne, New York 1979. Dt.: Prozeß und Realität. Übertragen von H.-P. Holl, Frankfurt/M. 1979.

RM Religion In the Making, Cambridge 1927. Dt.: Wie entsteht Religion? Übersetzt von Hans Günter Holl, Frankfurt/M. 1990.

SMW Science and the Modern World (1925), New York 1953. Dt.: Wissenschaft und moderne Welt. Übersetzt von Hans Günter Holl, Frankfurt/M. 1988.

Chronologische Bibliographie der Werke Whiteheads (in Auswahl)

1898 A Treatise on Universal Algebra. With Applications, Cambridge.

1906 On Mathematical Concepts of the Material World, in: Philos. Transactions, Royal Soc. of London, series A, 205, S. 465-525.

1907 The Axioms of Descriptive Geometry, Cambridge.

1910-13 (mit Bertrand Russell) Principia Mathematica, Cambridge. Dt.: Principia Mathematica (Teilübersetzung). Vorwort und Einleitungen. Übersetzt von H. Mokre, München 1932. Neuaufgelegt Frankfurt/M. 1986.

1911 An Introduction to Mathematics, London/New York. Dt.: Einführung in die Mathematik. Übersetzt von B. Schenker, Wien 1948.

1911 Mathematics, in: Encyclopedia Britannica, 11. Aufl., Bd. 17, S. 878-883.

1915 Space, Time, and Relativity, in: Proc. of the Aristotelian Soc. 16 (1915/16), S. 104-129. Neuabdruck 1929: The Aims of Education and Other Essays, S. 155-165.

1916 The Aims of Education. A Plea for Reform, in: Math. Gazette vom 8. Jan., S. 191-203. Neuabdruck 1929: The Aims of Education and Other Essays, S. 1-14.

1916 La Théorie Relationniste de l'Espace, in: Revue de Métaphysique et de Morale 23 (Mai 1916), S. 423-454.

1916 Organisation of Thought, in: Report of the 86th Meeting of the British Assn. for the Advancement of Science, S. 355-365. Neuabdruck 1929: The Aims of Education and Other Essays, S. 103-120.

1919 An Enquiry Concerning the Principles of Natural Knowledge, Cambridge.

1920 The Concept of Nature, Cambridge. Dt.: Der Begriff der Natur. Übersetzt von Julian von Hassell, Weinheim 1990.

1920 Einstein's Theory. An Alternative Suggestion, in: The Times Educational Supplement vom 12. Feb., S. 83.

1922 The Principle of Relativity, Cambridge.

1922 Uniformity and Contingency, in: Proc. Aristotelian Soc. 23 (1922/23), S. 1-18.

1925 Science and the Modern World, New York. Dt.: Wissenschaft und die Moderne Welt. Übersetzt von G. Tschiedel und F. Bondy, Zürich 1949. Neuübersetzung 1984: Wissenschaft und moderne Welt. Übersetzt von H.-G. Holl, Frankfurt/M. 1984.

1925 Religion and Science, in: Atlantic Monthly 136 (Aug. 25), S. 200-207.

1926 Religion in the Making, New York. Dt.: Wie entsteht Religion? Übersetzt von H.-G. Holl, Frankfurt/M. 1985.

1926 The Education of an Englishman, in: Atlantic Monthly 138 (Aug. 26), S. 192-198. Neuabdruck 1947: Essays in Science and Philosophy, S. 26-33.

1926 Time, in: Proc. Sixth International Congress of Philos., New York/London, S. 59-64.

1927 Symbolism. Its Meaning and Effect, New York.

1927 England and the Narrow Seas, in: Atlantic Monthly 139 (Juni 27), S. 791-798. Neuabdruck 1947: Essays in Science and Philosophy, S. 34-43.

1929 Process and Reality. An Essay in Cosmology, New York. Überarbeitete Auflage, hrsg. von D.R. Griffin and D.W. Sherburne, New York 1979. Dt.: Prozeß und Realität. Entwurf einer Kosmologie. Übersetzt und mit einem Nachwort versehen von H.-G. Holl, Frankfurt/M. 1979.

1929 The Function of Reason, Princeton. Dt.: Die Funktion

der Vernunft. Übersetzt von E. Bubser, Stuttgart 1974.

1929 The Aims of Education and Other Essays, New York.

1933 Adventures of Ideas, New York. Dt.: Abenteuer der Ideen. Übersetzt von E. Bubser mit einer Einleitung von R. Wiehl, Frankfurt/M. 1971.

1934 Nature and Life. Neuabdruck 1938: Modes of Thought, S. 127-169.

1936 Memories, in: Atlantic Monthly 157 (Juni 36), S. 672-679. Neuabdruck 1947: Essays in Science and Philosophy, S. 16-25.

1938 Modes of Thought, New York.

1939 An Appeal to Sanity, in: Atlantic Monthly 163 (März 1993), S. 309-320. Neuabdruck 1947: Essays in Science and Philosophy, S. 44-59.

1941 Autobiographical Notes, in: P.A. Schilpp (Hg.), The Philosophy of Alfred North Whitehead, New York, S. 1-14. Neuabdruck 1947: Essays in Science and Philosophy, S. 7-15.

1941 Mathematics and the Good, ebd., S. 666-681.

1941 Immortality, ebd., S. 682-700.

1946 The Wit and Wisdom of Whitehead, hrsg. von A.H. Johnson, in: Philosophy of Science 13 (Juli 1946), S. 223-251. Einzelveröffentlichung 1947, Boston.

1947 Essays in Science and Philosophy, New York. Dt.: Philosophie und Mathematik (Teilübersetzung). Übersetzt von F. Ortner, Wien 1949.

2. Ausgewählte Literatur über Whitehead

Die folgende Auswahl nennt nur die wichtigsten Veröffentlichungen in zeitlicher Folge. Eine vollständige Bibliographie aller bis 1976 erschienen Aufsätze und Monographien zu Whitehead sowie aller veröffentlichten Schriften Whiteheads gibt: B.A. Woodbridge (Hg.), Alfred North Whitehead. A Primary-Secondary Bibliography, Bowling Green, Ohio, 1977. Eine Auswahlbibliographie findet sich auch in: Wolf-Gazo (Hg.), Whitehead, a. a. O.

a) Biographische Hinweise

V. Lowe, Whitehead. The Man and his Work, 2 Bde., Baltimore 1985 und 1990.
A.N. Whitehead, Autobiographical Notes, in: Schilpp (Hg.), The Philosophy of Alfred North Whitehead, New York 1941, S. 1-14. Wiederabdruck in: ESP 7-15.
ders., Memories, in: ESP 16-25.
ders., The Education of an Englishman, in: ESP 26-33.
ders., England and the Narrow Seas, in: ESP 34-43.
ders., Dialogues as Recorded by Lucien Price (1954), New York 1964.
W.E. Hocking, Whitehead as I Knew Him, in: Kline (Hg.), Alfred North Whitehead, Essays on his Philosophy, Englewood Cliffs, NJ, 1963, S. 7-17.
B. Russell, My Philosophical Development, London 1959.

b) Gesamtdarstellungen

D. Emmet, Whitehead's Philosophy of Organism, London 1932.
I. Leclerc, Whitehead's Metaphysics, London 1958.
W.A. Christian, An Interpretation of Whitehead's Metaphysics, New Haven 1959.
A.H. Johnson, Whitehead's Theory of Reality (1952), New York 1962, und: ders., Whitehead's Theory of Civilization (1958), New York 1962.
V. Lowe, Understanding Whitehead, Baltimore 1962.
M. Welker, Universalität Gottes und Relativität der Welt, Neukirchen 1981.
R.L. Fetz, Whitehead. Prozeßdenken und Substanzmetaphysik, Freiburg/München 1981.
A. Rust, Die Organismische Kosmologie von Alfred North Whitehead, Frankfurt/M. 1987.
T.E. Hosinski, Introduction to Alfred North Whitehead. Stubborn Fact and Creative Advance, London 1993.

c) Kommentare und Materialien zu Prozeß und Realität:

D.W. Sherburne, A Key to Whitehead's *Process and Reality*, Bloomington 1966.
E.M. Kraus, A Companion to Whitehead's *Process and Reality*, New York 1979.
M. Hampe/H. Maaßen (Hg.), Prozeß, Gefühl und Raum-Zeit. Materialien zu Whiteheads *Prozeß und Realität* 1, Frankfurt/M. 1991.
ders., Die Gifford Lectures und ihre Deutung. Materialien zu Whiteheads *Prozeß und Realität* 2, Frankfurt/M. 1991.

d) Aufsatzsammlungen

P.A. Schilpp (Hg.), The Philosophy of Alfred North Whitehead, New York 1941.
I. Leclerc (Hg.), The Relevance of Whitehead, London 1961.
G.L. Kline (Hg.), Alfred North Whitehead. Essays on his Philosophy, Englewood Cliffs, NJ, 1963.
W.L. Reese/E. Freeman (Hg.), Process and Divinity. The Hartshorne Festschrift, La Salle, Ill., 1964.
E. Wolf-Gazo (Hg.), Whitehead. Einführung in seine Kosmologie, Freiburg/München 1980.
L.S. Ford/G.L. Kline (Hg.), Explorations in Whitehead's Philosophy, New York 1983.
H. Holz/E. Wolf-Gazo (Hg.), Whitehead und der Prozeßbegriff. Beiträge zur Philosophie Alfred North Whiteheads auf dem Ersten Internationalen Whitehead-Symposion 1981, Freiburg/München 1984.
F. Rapp/R. Wiehl (Hg.), Whiteheads Metaphysik der Kreativität, Freiburg/ München 1986.
E. Wolf-Gazo (Hg.), Process in Context, Bern 1988.
H. Holzhey/A. Rust/Reiner Wiehl (Hg.), Natur, Subjektivität, Gott. Zur Prozeßphilosophie Alfred N. Whiteheads, Frankfurt/M. 1990.

e) Untersuchungen zu Einzelaspekten einschließlich wichtiger Aufsätze

William P. Alston, Internal Relatedness and Pluralism in Whitehead, in: Review of Metaphysics 5 (1952), S. 535-558.

P.A. Bertocci, Hartshorne on Personal Identity. A Personalistic Critique, in: Process Studies 2 (1972).

Elmar Busch, Viele Subjekte, eine Person, Würzburg 1993.

M. Capek, Simple Location and Fragmentation of Reality, in: Reese/Freeman (Hg.), a. a. O., S. 79-100.

J.B. Cobb, A Christian Natural Theology, Philadelphia, Pennsylvania, 1965.

ders., Freedom in Whitehead's Philosophy, in: Ford/Kline (Hg.), a. a. O., S. 45-52.

ders., The Whitehead without God Debate: The Critique, in: Process Studies 1 (1971), S. 91-100.

A. Cloots, De Vraag naar het Ultieme in de Proces-Filosofie, in: Tijdschrift foor Filosofie 42 (1980), S. 48-74.

St.L. Ely, The Religious Availability of Whitehead's God. A Critical Analysis, in: Ford/Kline (Hg.), a. a. O., S. 170-211.

Dorothy Emmet, Whitehead's View on Causal Efficacy, in: Holz/ Wolf-Gazo (Hg.), a. a. O., S. 161-178.

J.W. Felt, Transmutation and Whitehead's Elephant, in: H. Holz/E. Wolf-Gazo (Hg.), a. a. O., S. 79-84.

L.S. Ford, Boethius and Whitehead on Time and Eternity, in: International Philosophical Quarterly (3/1968), S. 42-66.

ders., Can Whitehead Provide for a Real Subjective Agency? A Reply to Edward Pols, in: Modern Schoolman 47 (1970), S. 209-225.

ders-, On Genetic Successiveness. A Third Alternative, in: Southern Journal of Philosophy 7, 4 (1969/70), S. 421-425.

ders., Whitehead's Conception of Divine Spatiality, in: Southern Journal of Philosophy 6, 1 (1968), S. 1-13.

W.J. Garland, The Ultimacy of Creativity, in: Ford/Kline (Hg.), a. a. O., S. 212-238.

J. Goheen, Whitehead's Theory of Value, in: Schilpp (Hg.), a. a. O., S. 437-459.

D.R. Griffin, God Power and Evil. A Process Theodicy, Philadelphia 1976.

W.W. Hammerschmidt, The Problem of Time, in: Holz/Wolf-Gazo (Hg.), a.a.O., S. 154-160.
M. Hampe, Die Wahrnehmungen der Organismen. Über die Voraussetzungen einer naturalistischen Theorie der Erfahrung in der Metaphysik A.N. Whiteheads, Göttingen 1990.
Ch. Hartshorne, Ontological Primacy. A Reply to Buchler, in: Ford/Kline (Hg.), a.a.O., S. 295-303.
ders., Physics and Psychics. The Place of Mind in Nature, in: J.B. Cobb/D.R. Griffin (Hg.), Mind in Nature. Essays on the Interface of Science and Philosophy, Washington, D.C., 1977.
ders., Whitehead's Idea of God, in: Schilpp (Hg.), a.a.O., S. 515-559.
ders., Whitehead's Philosophy. Selected Essays 1935-70, Lincoln, Nebrasca, 1972.
W.E. Hocking, Mind and Nature, in: Schilpp (Hg.), a.a.O., S. 383-404.
P. Hughes, Is Whitehead's Psychology Adequate?, in: Schilpp (Hg.), a.a.O., S. 275-299.
G.L. Kline, Form, Concrescence and Concretum, in: Ford/Kline (Hg.), a.a.O., S. 104-146.
N. Lawrence, The Vision of Beauty and the Temporality of the Deity in Whitehead's Philosophy, in: Kline (Hg.), a.a.O., S. 168-178.
B. Loomer, Ely on Whitehead's God, in: D. Brown/R.E. James/G. Reeves (Hg.), Process Philosophy and Christian Thought, Indianapolis/New York 1971, S. 264-286.
V. Lowe, The Concept of Experience in Whitehead's Metaphysics, in: Kline (Hg.), a.a.O., S. 124-133.
H. Maaßen, Gott, das Gute und das Böse in der Philosophie A.N. Whiteheads, Frankfurt/M. 1988.
ders., Gottes Beziehung zum Guten und zum Bösen in Whiteheads relationaler Wertethik, in: Holzhey/Rust/Wiehl (Hg.), a.a.O., S. 262-277.
E.H. Madden/P. Hare, Evil and the Concept of God, Springfield, Ill., 1968.
A.E. Murphy, The Anti-Copernican Revolution, in: Journal of Philosophy 26 (1929), S. 281-299.
ders., Whitehead and the Method of Speculative Philosophy, in: Schilpp (Hg.), a.a.O., S. 353-380.
R.C. Neville, Whitehead on the One and the Many, in: Ford/Kline (Hg.), a.a.O., S. 257-271.

Edward Pols, Whitehead's Metaphysics. A Critical Examination of *Process and Reality*, London/Amsterdam 1967.

A.D. Ritchie, Whitehead's Defence of Speculative Reason, in: Schilpp (Hg.), a.a.O., S. 331-349.

J.W. Robson, Whitehead's Answer to Hume, in: Kline (Hg.), a.a.O., S. 53-62.

E. Schaper, Aesthetic Perception, in: I. Leclerc (Hg.), The Relevance of Whitehead, a.a.O., S. 263-285.

D.W. Sherburne, Responsibility, Punishment and Whitehead's Theory of the Self, in: Kline (Hg.), a.a.O., S. 179-188.

ders., Whitehead Without God, in: Brown/James/Reeves (Hg.), a.a.O., S. 305-328.

W.M. Urban, Whitehead's Philosophy of Language, in: Schilpp (Hg.), a.a.O., S. 303-327.

D.D. Williams, How Does God Act, in: Reese/Freeman (Hg.), a.a.O., S. 161-180.

Zeittafel

1861	Alfred North Whitehead wird am 15. Februar in Ramsgate in der Grafschaft Kent als Sohn des Dorfpastors Alfred Whitehead und seiner Frau Maria Sarah (geb. Buckmaster) geboren.
1875-80	Besuch des Sherburne Internats in Dorsetshire.
1880	Im Oktober beginnt Whitehead am Trinity College in Cambridge ein Studium der Mathematik.
1884	Im Mai wird Whitehead in die Cambridge Conversazione Society (The Apostles) gewählt, der er bis Februar 1887 angehört. Er beendet sein Studium, wird im Oktober zum »Fellow of Trinity College« ernannt und beginnt seine fast vier Jahrzehnte währende mathematische Lehr- und Forschungstätigkeit.
1890	Eheschließung mit Evelyn Wade am 16. Dezember. Die Ehe hält bis zu Whiteheads Tod im Jahr 1947.
1891	Geburt des Sohnes Thomas North.
1893	Geburt der Tochter Jessie.
1898	*A Treatise on Universal Algebra.* Geburt des Sohnes Eric Alfred.
1900	Zusammen mit Bertrand Russell, dessen Frau und Evelyn besucht Whitehead den 1. Internationalen Kongress für Philosophie in Paris.
1903	Whitehead wird in die Royal Society aufgenommen.
1905	Whitehead wird zum D.Sc. promoviert. Thema: Maxwells Theorie der Elektrizität und des Magnetismus.
1906	Am 22. September hält Whitehead den als *On Mathematical Concepts of the Material World* veröffentlichten Vortrag vor der Royal Society.
1910	Whitehead verläßt Cambridge und geht nach London, wo er ein Jahr ohne feste Anstellung bleibt. Der erste Band der mit Russell in mehr als zehnjähriger Zusammenarbeit verfaßten *Principia Mathematica* erscheint in

Cambridge. Bd. 2 und Bd. 3 folgen 1912 und 1913. Um das Erscheinen zu finanzieren, müssen Russell und Whitehead dem Verlag jeder noch 50 Pfund hinzugeben.

1911 *An Introduction to Mathematics.* Im Juli erhält Whitehead eine Stelle als Dozent für Angewandte Mathematik und Mechanik am University College, London.

1914 Im April findet in Paris der 1. Internationale Kongress für mathematische Philosophie statt, an dem Whitehead (ohne Begleitung von Russell) teilnimmt und einen Vortrag über die relationistische Theorie des Raumes hält. Im Juli lernen sie bei Freunden Gertrude Stein und Alice Toklas kennen, die die nächsten sechs Wochen als Gäste im Haus der Whiteheads verbringen.

1916 *The Aims of Education.*
The Organisation of Thought.

1918 Whiteheads Sohn Eric wird am 13. März über Frankreich abgeschossen. Whiteheads erklärter Agnostizismus beginnt sich in der Folge immer mehr abzuschwächen.

1919 *An Enquiry Concerning the Principles of Natural Knowledge.*

1920 *The Concept of Nature.*

1922 *The Principle of Relativity.* Im April reisen die Whiteheads zum ersten Mal in die Vereinigten Staaten.

1924 Am 6. Februar erhält Whitehead die Einladung, eine Philosophieprofessur ohne inhaltliche Beschränkungen in Harvard anzutreten, welche er annimmt, um im Oktober seine ersten Vorlesungen zu halten.

1925 Lowell Lectures: *Science and the Modern World* wird veröffentlicht und erhält weite Beachtung.

1926 Lowell Lectures: *Religion in the Making.* Whitehead nimmmt im September am 6. Int. Kongress für Philosophie teil und hält einen bedeutenden Vortrag, der im gleichen Jahr unter dem Titel *Time* veröffentlicht wird.

1927 Whitehead hält an der Universität von Virginia die Barbour-Page Lectures, veröffentlicht als *Symbolism, Its Meaning and Effect.* 1927/28 ist Whitehead Gifford-Dozent an der Universität von Edinburgh. Die Zuhörerzahlen der für die Öffentlichkeit gedachten Vorlesungsreihe sinken rapide.

1929 Eine erweiterte Fassung der Gifford-Vorlesungen wird als *Process and Reality* veröffentlicht. Es folgt *The Function of Reason.*

1931 Whitehead wird zum Fellow der British Academy ernannt.

1933 *Adventures of Ideas.*

1934 *Nature and Life.*

1937 Whitehead wird, nachdem er weit über die normale Zeitspanne hinaus gelehrt hat, emeritiert, hält aber noch bis 1941 Vorträge in der Öffentlichkeit.

1938 *Modes of Thought.*

1941 *Mathematics and the Good.* In Harvard hält Whitehead seine letzte öffentliche Vorlesung: *Immortality.*

1945 Whitehead erhält den Order of Merit, die höchste Auszeichnung für Wissenschaftler, die die englische Krone zu vergeben hat.

1947 *Essays in Science and Philosophy.*
Am 30. Dezember stirbt Whitehead an einem Gehirnschlag. Seine Asche wird am 6. Januar 1948 auf dem Friedhof der Harvard Memorial Church beigesetzt.

Michael Hauskeller, geb. 1964, Studium der Philosophie in Dublin, Berkeley und Bonn, Magister Artium 1990, arbeitet zur Zeit bei Gernot Böhme an einer Dissertation zum Thema »Begriff und Seinsweise von Atmosphären«. Lehrbeauftragter an der TH Darmstadt, Gründungsmitglied des Darmstädter Arbeitskreises für Umweltorientierte Naturphilosophie. Forschungsschwerpunkte: Naturphilosophie und Ästhetik. Veröffentlichungen: *Was das Schöne sei: Klassische Texte von Platon bis Adorno*, 1994 (dtv).